河北省高速公路养护专项工程设计文件编制技术及图表示例

河北锐驰交通工程咨询有限公司　编著

人民交通出版社股份有限公司
China Communications Press Co.,Ltd.

内 容 提 要

本书由河北锐驰交通工程咨询有限公司结合近十年的养护专项工程咨询、设计经验进行编写,旨在为高速公路养护设计工作提供一套较为完整的设计文件编制示例,供业内同行参考,并促进高速公路养护专项工程设计技术的规范化、标准化。

本书可供高速公路养护专项工程设计人员参考。其他地区及其他等级公路养护设计也可参考使用。

图书在版编目(CIP)数据

河北省高速公路养护专项工程设计文件编制技术及图表示例 / 河北锐驰交通工程咨询有限公司编著. —北京：人民交通出版社股份有限公司,2018.3
 ISBN 978-7-114-14478-3

Ⅰ.①河… Ⅱ.①河… Ⅲ.①高速公路—沥青路面—公路养护—设计文件—编制—规定—汇编—河北 Ⅳ.①U418.6-65

中国版本图书馆 CIP 数据核字(2018)第 004124 号

书　　名:	河北省高速公路养护专项工程设计文件编制技术及图表示例
著　作　者:	河北锐驰交通工程咨询有限公司
责任编辑:	袁　方　刘　倩
出版发行:	人民交通出版社股份有限公司
地　　址:	(100011)北京市朝阳区安定门外外馆斜街 3 号
网　　址:	http://www.ccpress.com.cn
销售电话:	(010)59757973
总 经 销:	人民交通出版社股份有限公司发行部
经　　销:	各地新华书店
印　　刷:	北京市密东印刷有限公司
开　　本:	880×1230　1/16
印　　张:	11.75
字　　数:	282 千
版　　次:	2018 年 3 月　第 1 版
印　　次:	2018 年 3 月　第 1 次印刷
书　　号:	ISBN 978-7-114-14478-3
定　　价:	68.00 元

(有印刷、装订质量问题的图书由本公司负责调换)

前　言

随着高速公路通车里程的快速增长,高速公路的管养工作越来越重要,养护专项工程设计质量是做好高速公路养护管理工作的关键。鉴于当前针对高速公路养护设计文件编制方面的规范、标准、指导性意见还比较少,高速公路养护设计缺乏健全的规范体系的现状,河北锐驰交通工程咨询有限公司组织编写了本书。河北锐驰交通工程咨询有限公司作为河北省较早从事高速公路养护工程设计咨询工作的单位,自2007年以来一直从事高速公路养护工程的咨询与设计工作,服务里程占河北省运营高速公路总里程的50%以上。公司在不断积累和总结经验的基础上,自2011年相继编写了《河北省干线公路养护项目工程可行性研究报告编制技术指南》《河北省高速公路养护工程设计技术指南》等一系列关于养护工程的咨询、设计类专著,作为主编单位编制了河北省地方标准《高速公路沥青路面养护技术规范》(DB 13/T 2465—2017)和《公路公共场所汉英双语标识英文译法》(DB 13/T 2522—2017)等。

本书是河北锐驰交通工程咨询有限公司结合本公司近十年的养护专项工程设计经验编写而成的,旨在为高速公路养护设计工作提供一套较为完善的设计文件编制示例,供业内同行参考,并促进高速公路养护专项工程设计技术的规范化、标准化进程。

书中结合工程实践对养护专项设计工作的内容、特点、施工工艺及材料进行了统筹考虑,结合《公路工程基本建设项目设计文件编制办法及图表示例》(交公路发〔2007〕358号),以使本书适应高速公路养护管理工作的需要。

本书由河北锐驰交通工程咨询有限公司和王子鹏公路养护技术创新工作室的全体技术人员共同完成,由王子鹏、刘丽、张艳梅主持编写。

本书的编写工作,得到了河北省交通运输厅公路管理局、河北省高速公路管理局、河北交通投资集团有限公司、河北省交通规划设计院等单位的领导和专家的大力支持,特别是杜群乐正高工、赵宝平正高工、戴忠华正高工、张秀山正高工、雷伟正高工等专家给予了详细的指导并提出了诸多意见和建议,在此深表感谢!

因时间仓促,疏漏及偏颇之处在所难免,恳请广大读者批评指正。

联系地址:河北省石家庄市平安南大街30号万隆大厦

邮政编码:050021

电话:0311-86089559

E-mail:Hebreach@vip.163.com

主要完成人：王子鹏　刘丽　张艳梅　孙倩　高金虎　王国昀　霍文棠　刘寸平　赵建红　王喜刚　李卫青　金凤温

图表编制人员：贾梓　李薇　吴佳宁　李明哲　王之光　赵香雪　何永成　高博　陈振　刘阳　潘菲　赵清杰　吴彬　郜欣欣　白建强　杨森　胡杨　吕栋　高进帅　杜永亮　王锦涛　玄少鹏　张玺　杨春喜

2018 年 1 月

目 录

1 概述 1
2 养护工程分类及设计阶段 2
3 方案研究报告 3
　3.1 目的与要求 3
　3.2 组成与内容 3
4 施工图设计 9
　4.1 目的与要求 9
　4.2 组成与内容 9
5 设计成果的提交 20
附件:河北省高速公路养护专项工程设计文件编制图表示例 21

1 概　　述

1.0.1　本书可作为编制河北省高速公路养护专项工程设计文件的参考工具书。

1.0.2　养护工程设计文件是安排养护工程项目、控制投资、编制招标文件、组织施工和交竣工验收的重要依据。

1.0.3　养护设计文件的编制,必须贯彻国家、河北省有关方针政策,按照高速公路养护项目基本建设程序和有关标准、规范、规程设计,做到客观、公正、准确。

1.0.4　养护工程设计必须贯彻"安全、耐久、节约、和谐"的设计理念,坚持"预防为主,防治结合"的原则,结合河北省经济、技术条件,吸取国内外先进经验,积极采取新技术、新材料、新设备、新工艺,重视环境保护及现状交通流的影响,合理确定养护工程类别和规模,及时预防治理高速公路病害和隐患,保证高速公路经常处于良好的技术状态,最大限度地提高高速公路的服务水平,取得经济、社会和环境的综合效益。

1.0.5　养护工程设计在公路技术状况检测、评定的基础上进行方案比选,对投资有较大影响的方案,应进行同等深度的技术、经济比选,确定合理的设计方案。

1.0.6　一个养护专项工程由两个或两个以上单位设计时,由一个设计单位负责总体设计,统一设计原则,编写总说明书,汇编总概(预)算,协调统一文件的编制。

1.0.7　工程定额的采用和概、预算的编制,根据设计阶段的不同要求,交通运输部现行《公路工程概算定额》《公路工程预算定额》《公路工程基本建设项目概算预算编制办法》,《河北省高速公路小修保养和中修工程预算定额》,以及其他相关规定办理。

1.0.8　养护专项工程设计文件的编制,必须由具有相应资质、资格的设计单位或个人完成,并对设计质量负责。

2 养护工程分类及设计阶段

2.0.1 高速公路养护工程按其作业内容、工程性质、技术复杂程度和规模大小一般可分为日常养护工程、专项养护工程和改建工程。

日常养护工程是对高速公路及其沿线设施经常进行维护保养和修补其轻微损坏部分的作业,以保持高速公路处于良好的技术状况。

专项养护工程是对高速公路及其沿线设施进行除日常养护以外的一般性养护或对较大规模的损坏进行修理加固或综合治理,以恢复高速公路原有技术状况或技术标准。

改建工程是对高速公路及其沿线设施因不适应现有交通量增长和荷载需要而进行全线或逐段提高技术等级指标,显著提高其通行能力的较大工程项目。

2.0.2 日常养护一般不需申请立项,项目实施按日常养护相关规定执行。

2.0.3 养护专项工程应在技术状况检测、评定的基础上编制《可行性研究报告》或《方案研究报告》申请立项。一般采用一阶段施工图设计。

2.0.4 改建工程应编制《可行性研究报告》进行立项。一般采用两阶段设计,即初步设计和施工图设计。对于技术简单、方案明确的改建工程可采用一阶段施工图设计。

2.0.5 一阶段施工图设计应根据批复的可行性研究报告或方案研究报告、测设合同和定测、详勘资料编制。

两阶段设计时,初步设计应根据批复的可行性研究报告、测设合同和初测、初勘资料编制。施工图设计应根据批复的初步设计、测设合同和定测、详勘资料编制。

2.0.6 采用一阶段设计的养护项目,编制施工图预算。

采用两阶段设计的养护项目,初步设计编制设计概算,施工图设计编制施工图预算。

2.0.7 本书编制内容以养护专项工程作为案例进行介绍,包括方案研究报告和一阶段施工图设计。需编制可行性研究报告的工程,可参考方案研究报告内容进行编制。对于采用两阶段设计的改建工程,参考《公路工程基本建设项目设计文件编制办法》(交公路发〔2007〕358号)编制,本书作为编制参考。

3 方案研究报告

3.1 目的与要求

3.1.1 养护项目方案研究，是对已建成高速公路养护专项工程的整体或局部养护改造维修的必要性、技术方案可行性、经济投资的合理性和实施可能性进行综合性研究论证的工作，是养护项目前期工作的重要组成部分，是实施养护建设项目决策的主要依据。

3.1.2 养护项目方案研究，应通过现场调查检测，对项目现状进行充分调查研究，重点研究项目的建设必要性及可行性；并对项目的规模、标准、建设资金进行必要的分析论证，提出推荐方案，明确建设规模，确定养护标准及实施方案，估算项目投资，编制研究报告。

3.1.3 养护项目方案研究报告的主要内容，应包括项目概况及建设必要性、交通量现状分析及预测、养护改造方案、投资估算、工程环境影响分析、社会评价等。特殊复杂的重大项目，还应进行经济评价及风险分析。

3.1.4 养护项目方案研究报告，应在对可能的养护方案进行初步比选的基础上，筛选出合理可行的方案，进一步做好同等深度的经济技术、实施方案等比选。编制过程中，应充分重视养护项目的特点、施工期间的交通组织和交通干扰等区别于新建项目的因素。

3.2 组成与内容

3.2.1 方案研究报告组成

(1)概述；
(2)交通量现状分析及预测；
(3)工程现状及处置方案；
(4)建设条件及实施方案；
(5)投资估算及资金筹措；
(6)工程环境影响分析；
(7)社会评价；
(8)问题与建议；
(9)附件：
①相关审查意见、会议纪要、地方意见、部门意见、协议等；
②主要图表。

3.2.2 概述

1）项目概况
简要说明本路段高速公路概况，包括建设年限、建设标准、运营概况、项目的主要服务对象、在国（或省）主干线路网中的作用。

简要说明养护工程的类别，并概述存在的问题。确定项目实施方案所遵循的主要原则，应符合远期规划需求，适应近期发展需要，重视集约和节约资源，实现可持续发展。

2）编制依据
(1)国家及河北省现行公路工程标准、规范、规程、指南等；
(2)中华人民共和国行业标准《公路工程基本建设项目投资估算编制办法》(JTG M20)；

(3)原施工图设计文件、竣工图、后评估报告及管理、养护资料等；
(4)调查收集的相关区域社会经济、交通运输及自然条件等资料；
(5)行业主管部门相关文件。

3)研究过程及内容

(1)研究过程。阐述养护工程的研究及报告编制过程，主要包括各检测数据的收集、现场踏勘、设计方案沟通、预审等。

(2)研究内容。以该项目现状为基础，结合历年交通量的情况、项目在路网中的地位和功能，研究论证项目方案、标准和规模等。其研究的主要内容为：建设必要性、交通量现状及预测、处置方案、投资估算及资金筹措、实施方案、工程环境影响分析、社会评价、问题与建议。

4)处置的必要性

养护工程要体现以人为本、以车为本，强化服务理念，提升养护水平。通过经常性、及时性、预防性养护，延长公路使用寿命，保持设施完好，优化行车环境，实现"畅通、安全、温馨、舒适、美观"的养护目标。主要从满足项目路段高速公路的正常运营、保证高速公路正常的服务水平等几个方面进行论述。

3.2.3 交通量现状分析及预测

大段落的路面改造工程、交通安全设施改造工程及其他升级改造工程，应对路段交通量现状进行分析；收费车道扩建工程，应在现状交通量分析的基础上进行远景交通量预测，并与原工可报告相应交通量进行对比，给出现状交通量适用车道数及预测远景交通量适用车道数。

1)概述

简述项目路段交通量的现状、组成及预测的目的、方法、思路等。

2)公路交通的进一步调查与分析

(1)本地区公路网现状及规划：概述区域内综合交通运输现状，论述本项目路段在区域路网中的地位及作用、项目范围内路网规划情况。

(2)历年交通量情况：调查统计项目路段历年交通量，分析现状服务水平。交通量收集应包括与收费类型相对应的五种车型交通量以及收费车辆来源表、车辆超载情况表等。

(3)路网交通量：相关公路交通量及构成、交通量分布系数、交通流运行特性等。

(4)车型分析：汇总分析各收费站分车型统计资料，计算车型比例分配情况。

(5)车载情况：汇总分析各收费站计重收费统计资料，计算车辆载重情况。

3)交通量预测

分析近几年直接影响区城市生产总值与交通量的关系，建立预测模型，进行交通量预测。即以交通量作为研究对象，确定基年交通量与未来年的交通量增长率；采用相关分析法预测未来年交通量，分析交通量发展趋势，计算未来年的服务水平。交通量预测年限原则上不少于收费末年，并且应将收费末年作为一个特征年。

3.2.4 工程现状及处置方案

各养护工程方案内容，应从项目现状、处置必要性、方案比选、推荐方案等方面进行备选方案拟定论述。项目现状，应详细说明本项目目前存在的主要问题、病害情况、原因分析等。处置必要性，应说明项目处置的必要性及理由，养护方案要明确改善的功能及完善的项目。方案比选，应综合考虑实施条件、工程规模、投资、环境影响及此方案在其他公路上的使用情况分析及效果等。在进行备选方案拟定论述的基础上，提出推荐方案。对改扩建、增加的或提高标准的项目应补充说明技术标准，并应注意以下几点：如涉及水利、铁路等行业及地方的，应征求相关部门意见；当改造项目涉及新增占地时，应出具占地证明；项目方案对其他工程的影响等。

1)公路养护标准及工程现状

首先说明根据现行的公路技术标准及养护标准，高速公路应达到的技术标准及养护目标。

再详细介绍本项目现状及存在的主要问题，应附有相应的图表说明，如病害存在的位置或段落、病害照片等能描述病害的资料。病害情况以病害图的形式展示，并用统计数据附注说明(比如给出挖补率、破损率等)。

2)历次养护历史及技术状况

(1)历次大中修情况(或同类项目批复及维修历史)：同类型养护项目近几年的设计批复及计划执行情况，维护、维修项目达到的预期效果等情况；与本项目相关的养护维修历史。

(2)项目检测情况：与项目相关的技术状况检测评定情况及结果分析说明，对于特殊病害需给出最近连续几年检测结论并进行对比，分析病害产生原因。

3)备选方案拟定

针对各项目具体病害情况，提出2~3个设计方案进行比选，从方案的实施条件、实施效果、影响范围、工程造价等方面进行优缺点论证，提出推荐方案。对于桥梁、隧道等结构性损伤加固设计，应对损伤后结构按原设计标准进行结构计算，分析承载力是否满足要求。提出加固方案，并对加固后结构按原标准进行结构计算，核实加固效果。

(1)路基工程。根据《公路养护技术规范》(JTG H10—2009)，路基养护专项工程的主要内容见表3-1。

路基养护专项工程一览表　　　表3-1

序号	项目	内容
1	路肩加固	安装或更换路肩石
2	边坡防护整修	(1)挡墙修复加固、拆除重建或新建
		(2)边坡水毁修复
		(3)边坡维修加固
3	软土路基病害治理	路基大面积翻浆、沉陷处理
4	路基排水系统修复、改造	边沟、排水沟、截水沟、泄水槽修复、改造、增设
5	路基改建工程	路基加宽
6	其他	

(2)路面工程。参照《公路沥青路面养护技术规范》(JTJ 073.1—2001)、《公路水泥混凝土路面养护技术规范》(JTJ 073.2—2001)、《公路养护技术规范》(JTG H10—2009)，结合河北省路面养护现状，综合考虑各方面因素，路面养护专项工程的主要内容见表3-2。

路面养护专项工程一览表　　　表3-2

序号	项目	内容
1	沥青混凝土路面	(1)路面病害治理(挖补)
		(2)路面预防性养护
		(3)路面补强(整段路面结构层改善)
		(4)沥青路面改为水泥路面(水泥路面改为沥青路面)
		(5)桥头跳车治理
		(6)整段安装或更换路缘石
2	水泥混凝土路面	水泥路面整修
3	中央分隔带整修	中央分隔带病害治理
4	路面排水系统整修	改造、维修、新建排水处置
5	其他	

(3)桥涵工程。根据《公路桥涵养护规范》(JTG H11—2004)规定，对公路技术状况评定报告中一般评定划定的各类桥梁，应分别采取不同的养护措施。参照《公路养护技术规范》(JTG H10—2009)，综合考虑各方面因素，桥涵养护专项工程的主要内容见表3-3。

桥涵养护专项工程一览表　　　表3-3

序号	项目	内容
1	上部结构及桥面系	(1)桥面铺装病害治理
		(2)梁(板)体加固
		(3)伸缩缝、支座更换
		(4)其他
2	下部结构及基础	(1)桥墩、桥台加固
		(2)锥坡、翼墙(耳墙)维修加固
		(3)增设防撞体、防护等
		(4)桩基增加防护

续上表

序 号	项 目	内 容
3	河床铺底及调治构造物的修复	河床铺砌及调治构造物整修
4	桥涵拆除重建、改建	桥涵拆除重建、改建
5	其他	

(4)隧道工程。隧道病害处置应根据检查结果,针对病害产生原因,按照安全、经济、合理的原则确定养护方案。参照《公路养护技术规范》(JTG H10—2009),综合考虑各方面因素,隧道养护专项工程的主要内容见表3-4。

隧道养护专项工程一览表　　　表3-4

序 号	项 目	内 容
1	隧道衬砌	(1)衬砌裂损加固
		(2)衬砌背后空洞处置
		(3)其他
2	隧道水害	隧道水害治理
3	隧道路面	隧道路面病害治理
4	隧道防冻、保温	防冻、保温设施的修复或增设
5	隧道附属设施	(1)通风、照明、消防设备大修或更新
		(2)监控系统的大修或升级改造
		(3)其他
6	其他	

(5)交通安全设施工程。参考《高速公路交通工程及沿线设施设计通用规范》(JTG D80—2006)表5.1.2中关于交通安全设施各类设备使用年限的要求,结合《公路养护技术规范》(JTG H10—2009),交通安全设施养护专项工程的主要内容见表3-5,具体如下:

①护栏有效防护高度不足或防护等级与规范要求相差较大的;

②隔离栅、防落物网大面积缺损或锈蚀严重,不能起到隔离防护作用;

③轮廓标缺损严重,不能起到有效引导驾驶员视线,或反光效果远不能满足基本需要;

④标志反光膜视认效果不良;

⑤防眩板或防眩网破损及防眩效果不良;

⑥标线更新改造可结合路面改造工程一并实施;

⑦限高龙门架新建设计未考虑,可根据运营后现状路况和交通组成情况进行设置。

交通安全设施养护专项工程一览表　　　表3-5

序 号	项 目	内 容
1	交通标志	(1)标志牌改造、反光膜更换(主线、收费广场)
		(2)新增交通标志
2	护栏	(1)波形梁钢护栏更新
		(2)水泥混凝土护栏更新
		(3)新增护栏
		(4)钢护栏、水泥混凝土护栏防腐处理
3	隔离栅	隔离栅更新改造、新增
4	防眩设施	防眩设施更新改造、新增
5	防落物网	防落物网更换、新增
6	增设限高门架或标志	增设限高门架或标志
7	其他	

(6)收费车道扩建工程。收费车道扩建工程为综合性的养护改造项目,一般不改变现有道路平、纵线形,采用的加宽方案一般包括:单侧加宽、双侧加宽、迁移收费站等。通过对工程规模、方案实施条件、实施效果、影响范围、工程造价等方面进行优缺点论证,提出推荐方案。扩建内容涉及路基路面工程、桥涵工程、交通安全设施、房建工程、机电工程、绿化及环保工程。

(7)绿化与环境保护工程。高速公路绿化工程应贯彻"因地制宜、因路制宜、适地适树"的原则合理选择、改善和提高高速公路环境质量。高速公路沿线绿化与环境保护包括主线路侧绿化、主线中央分隔带绿化、互通区绿化、服务区及停车区绿化、隧道出入口绿化、增设声屏障等。绿化设计方案应遵循合理选择绿化植物品种,提高高速公路绿化、美化效果,丰富高速公路绿化、文化景观的设计理念。

根据《公路技术状况评定标准》(JTG H20—2007),绿化与环境保护工程的损坏主要为降噪设施(即声屏障)及沿线绿化设施的缺损、新增。针对表3-6中几种状况,综合考虑申报养护专项工程。

绿化与环境保护养护专项工程一览表　　表3-6

序号	项目	内容
1	公路噪声治理	新增声屏障工程
2	公路绿化改造	(1)开辟苗圃 (2)绿化升级改造 (3)大面积更新树种、花木、草皮 (4)增设公路绿化及文化景观
3	其他	

(8)其他工程。主要指以上各种类型项目之外的其他项目。

3.2.5　建设条件及实施方案

1)建设条件

(1)地形、地质、水文、气象等条件:项目路段区域内地形、地质、河流、气象条件,以及对项目方案实施条件的影响。

(2)筑路材料及运输条件:调查所需建材的料场分布情况、生产能力及运输条件。

2)实施方案

(1)交通组织方案:工程实施过程中的交通组织设计,对于严重影响高速公路、被交路运营的项目,应说明可行的保畅设计方案及对交通影响的对策,提出合理可行的交通组织方案。

(2)控制方案的主要因素:水文、气象、交通高峰等对工程实施的影响;对于部分重点项目或者影响高速公路运营的项目,说明控制其施工进度的原因、因素及解决方法。

(3)施工进度安排:确定项目立项、审批、施工图设计等前期工作时间;充分考虑水文、气象、保畅、项目的迫切程度等进行工期安排。

3.2.6　投资估算及资金筹措

1)投资估算

(1)编制依据。

①原则按照交通运输部《公路工程基本建设项目投资估算编制办法》《公路工程估算指标》等执行,鉴于当前没有专门的养护工程估算定额,部分定额可参照《公路工程概算定额》《河北省高速公路小修保养和中修工程预算定额》执行。

②国家及省级行业主管部门颁布的有关概预算的政策性文件及规定。

(2)各项费用取用标准。

①人工费:根据河北省交通运输厅文件《关于公布我省公路工程人工费工日定额标准的通知》(冀交基〔2012〕104号),估算指标及概预算定额中人工费的工日标准为57元/工日。

②材料费:采用当前河北省公路工程造价管理部门发布的最新材料单价,运距计算时应充分考虑高速公路上施工车辆不能随意掉头,需绕行互通而增加的路线长度。

③施工机械使用费:根据交通运输部交公路发《公路工程机械台班费用定额》(JTG/T B06-03—2007)及《国务院关于实施成品油价格和税费改革的通知》(国发〔2008〕37号),施工车辆台班费用计算取消养路费。

④其他直接费、现场经费、间接费:依据中华人民共和国行业标准《公路工程基本建设项目投资估算编制办法》(JTG M20—2011)中的有关标准计列。

⑤利润及税金:依据中华人民共和国行业标准《公路工程基本建设项目投资估算编制办法》(JTG M20—2011)及《河北省公路工程基本建设项目概预算

编制补充规定》(冀交定〔2008〕66号)文中的有关标准计列。

⑥设备、工具、器具及家具购置费:根据需要,按实计列。

⑦工程建设其他费用:依据《公路工程基本建设项目投资估算编制办法》(JTG M20—2011)中的有关标准计列。

⑧预留费用:差价预备费,根据《关于转发省计委关于加强对基本建设大中型项目概算中"价差预备费"管理有关问题的通知》(冀交办字〔1999〕123号)精神,不再计列差价预备费。

基本预备费,根据估算编制办法的规定计列。

(3)主要工程量及费用估算。

归纳总结各专项工程主要工程量及估算,估算可以采用图表形式。

2)资金筹措

(1)资金筹措:说明专项工程资金来源及项目审核批准情况。

(2)分年度安排建议:列表说明各专项工程施工安排计划。

3.2.7 工程环境影响分析

1)沿线环境特征

阐述项目路段周边生物环境、社会环境。

2)建设项目对工程环境的影响

分析项目建设对周边生物环境、社会环境可能的影响。

3)减缓对工程环境影响的对策

根据各项目具体实施方案,可以从以下几个方面阐述各项目在实施过程中减缓对环境影响需采取的措施及方案。

(1)路基边坡防护对策;

(2)借方、弃方及水土保持对策;

(3)绿化恢复植被对策;

(4)其他对策(对地下水、地表水、噪声、夜间施工等影响的对策);

(5)废料利用方案。

3.2.8 社会评价

对周围路网交通影响较大或对区域地方经济发展产生一定影响的养护专项工程,需编制本章内容。

1)影响因素

主要分析项目改造、加固等对所在地社会的正、负面影响。主要包括对居民收入、生活水平与质量、就业的影响,对不同利益群体、弱势群体的影响,对所在地文化、教育、卫生的影响。

2)互适性分析

调查当地政府、企业、居民及道路主要使用者对项目建设的支持程度,分析项目与当地社会环境的相互适应程度。

3)社会评价结论

归纳总结社会评价。

3.2.9 问题与建议

阐明养护项目改造实施过程中存在的主要问题及下一阶段安排建议。

3.2.10 附件

(1)主要包括专项工程的相关审查意见、会议纪要、地方意见、部门意见、协议等。

(2)主要图表:

①项目地理位置图;

②工程数量表;

③病害位置示意图;

④项目改造或升级方案图;

⑤交通组织图;

⑥工程估算表。

4 施工图设计

4.1 目的与要求

一阶段施工图设计应根据可行性研究报告或方案研究报告批复意见、测设合同的要求，拟定设计原则，确定设计方案和工程数量，编制文字说明和图表资料以及施工组织、交通组织计划，编制施工图预算，满足审批的要求，适应施工的需要。

施工图设计要点如下：

(1) 编制养护工程设计说明书，说明工程概况、编制依据、工可或方案批复对比情况、工程现状、设计方案、材料要求、施工组织及交通组织方案、施工注意事项等内容。

(2) 养护工程涉及路线局部改造时，由于受用地、交通管制及工程规模等因素的限制，调整平面及纵断面实施难度较大，一般通过增加相应的辅助设施来改善交通状况，提升服务水平。如必须调整线形时，需对原路线与现行规范的符合性和运营安全性进行评价，结合养护项目特点，合理选择技术标准，控制工程规模。设计文件可参考《公路工程基本建设项目设计文件编制办法》（交公路发〔2007〕358号）相关要求进行编制。

(3) 根据地质勘察报告及现场调查，对路基病害原因进行分析，拟定处置方案，绘制布置图及结构设计详图。

(4) 根据路面病害调查分析情况，确定各路段的路面养护设计方案、结构类型及治理范围，绘制设计详图。

(5) 根据桥梁检测情况及验算结果，确定桥梁病害治理及维修加固方案，确定结构尺寸，绘制设计详图。

(6) 根据隧道检测情况及验算结果，确定隧道及其附属设施的病害治理及加固方案，绘制布置图及设计详图。

(7) 根据沿线调查情况，确定交通安全设施维修、更换、补充方案，绘制布置图和设计详图。

(8) 确定绿化与环境保护设施的位置、类型及数量，绘制布置图和设计详图。

(9) 确定施工期间的施工组织及交通组织方案。

(10) 计算各项工程数量。

(11) 编制施工图预算。

4.2 组成与内容

4.2.1 养护工程施工图设计文件组成

(1) 总体设计；

(2) 路基；

(3) 路面；

(4) 桥涵及交叉构造物；

(5) 隧道（土建工程）；

(6) 交通安全设施；

(7) 收费车道扩建；

(8)绿化与环境保护;
(9)交通组织设计;
(10)预算;
(11)附件。

4.2.2 总体设计

当养护工程专业单一或方案较为简单明确时,总体设计内容也可与具体专业设计内容合并。

1)项目地理位置图

项目地理位置图应示出路线在省级以上交通网络图中与其他路线的关系及沿线主要城镇等的概略位置。

2)总体设计说明

(1)工程概述:项目所在路段工程规模、建设标准、建设年代;养护工程起、终点,中间控制点,简要说明任务依据及测设经过。

(2)技术标准:说明设计依据、工程规模和技术标准。

(3)总体设计:说明总体设计原则和设计方案。

(4)路基:说明工程现状、地质勘查情况、设计方案。

(5)路面:说明工程现状(路面结构、路面病害状况等),设计方案。

(6)桥涵及交叉构造物:说明工程现状(桥梁分布情况、桥梁检测结论),设计方案。

(7)隧道(土建):说明工程现状(隧道分布情况、隧道检测结论),设计方案。

(8)交通安全设施:说明工程现状、设计方案。

(9)绿化与环境保护:说明工程现状、设计方案。

(10)方案批复意见执行情况。批复方案拟定的修建原则、设计方案、技术决定等,如有变更,应说明其变更理由或依据。

(11)筑路材料。

(12)总体实施步骤及工序衔接。

(13)交通组织设计:对于大段落改造项目,或其他项目实施对道路通行能力影响较大时,交通组织设计包括路网分流方案、局部路段交通组织设计等。对于单项改造工程,应根据现行《公路养护安全作业规程》(JTG H30—2015),结合施工位置,绘制施工路段交通组织设计图。

(14)新技术、新材料、新设备、新工艺以及智能信息化等应用情况。

(15)有关部门协商情况或意见。

(16)注意事项。

3)附件

批复意见、测设合同、有关指示、协议和会议纪要等复印件。

4.2.3 路基

1)说明

(1)工程概述:工程规模、建设标准、建设及通车年份等;养护工程起、终点;方案批复执行情况。

(2)设计依据:现行有关规范、标准;方案批复文件;地质勘查报告;项目相关设计文件、竣工资料、养护资料等。

(3)设计原则:根据病害情况,制定相应的设计原则。

(4)路基病害调查、检测、评定:详述病害现状并附典型照片,检测数据分析及评定结论,病害原因分析。

(5)养护设计方案:根据病害情况,制订设计方案,包括一般路基边坡防护加固治理、路堑边坡塌方治理、路基沉陷治理、填方路基滑移病害治理等。

(6)施工要点及施工注意事项:对施工流程及施工注意事项进行说明。对于动态设计项目,需对动态设计及监控方案进行说明。采用新技术、新材料、新工艺的项目,需对相关内容进行详细说明。

(7)材料性能及要求:材料性能及参数说明。采用新材料的项目,需对各项材料指标及验收标准进行详细说明。

(8)交通组织设计:根据项目具体情况,编制路段交通组织或路网交通组织设计说明。

2)设计图表

(1)项目位置平面图:示出病害处置段落桩号范围及病害类型,示出处置范围及临近相关路段内桥隧构造物桩号、跨径,各路段路基防护形式。

(2)路基标准横断面图:结合原竣工图及现状,示出处置范围路基标准横断面图,示出加宽、超高、边坡及坡率(包括各分级边坡)、边沟、截水沟、碎落台、护坡道、边坡平台、路侧取土坑(如果有)、开挖台阶及视距台等,注明用地界。挡土墙、护面墙、护脚、护肩、护岸、边坡加固、边沟(排水沟)及截水沟加固等均绘在本图上,并注明起讫桩号、防护类型及断面尺寸(另绘有防护工程设计图的只绘出示意图,注明起讫桩号和设计图编号)。

(3)病害分布示意图:详细示意病害的分布情况、具体位置、尺寸、形式、程度等信息。

(4)路基防护处置工程数量表:列出病害处置起讫桩号及上下行方向,处置长度,治理内容及支挡、防护形式,尺寸,各材料数量等。包括护坡、挡土墙、护面墙、护脚、边坡加固、护岸、防水堤坝等防护形式。

(5)路基防护处置工程设计图:绘出各项支挡、防护工程的立面、断面及详细结构设计图。按不同情况列出每延米或每处工程及材料数量表。挡土墙设计还应绘制平、纵面图,逐桩及墙高变化处的横断面图,挡土墙断面大样图,挡墙顶部护栏基础设计图,以及不同墙高对应尺寸和每延米数量,并计列每处(段)工程及材料数量表。

(6)路基排水处置工程数量表:列出病害治理起讫桩号及上下行方向、治理长度、治理内容及断面形式、尺寸、各材料数量等。包括边沟、跌水井、排水沟、截水沟、盲沟、急流槽以及中间带的纵向排水沟、集水井、横向排水管、拦水带及超高段路面排水等形式。

(7)路基排水处置工程设计图:绘出各项排水工程平面布置、立面、断面及结构设计图和有关大样图。列出排水设施的设置位置及每延米或每处工程数量表。

(8)交通组织设计图:根据项目具体情况,编制路段交通组织或路网交通组织设计图。

4.2.4 路面

1)说明

(1)工程概述:工程规模、建设标准、建设及通车年份等;养护工程起、终点,历次路面大中修养护历史,方案批复执行情况。

(2)设计依据:现行规范、标准;方案批复文件;路面检测报告;项目相关设计文件,养护资料等。

(3)设计原则:根据病害情况,制定相应的设计原则。

(4)路面技术状况评价:根据检测结果,结合现状实地调查及钻芯试验结果,对路面损坏状况(PCI)、路面行驶质量(RQI)、路面车辙(RDI)、路面抗滑性能(SRI)、路面结构强度(PSSI)进行分析。根据路面病害情况,按每100m桩号绘制各路段相关指标技术状况指数趋势表,同时根据养护历史对比分析上次大中修至本次维修期间各年度相应指标技术状况发展趋势,对路面总体状况进行评定。

(5)路面病害现状调查:分段落现状典型病害照片,路面结构层构成。需提高路面高程时应调查上跨构造物净空、现有护栏高度、路缘石高度、路面排水设施的损坏等内容。

(6)病害原因分析:根据路面技术状况评价结果及现状病害调查,分析病害产生原因。

(7)养护设计方案:不同段落病害治理方案,特殊工点病害治理方案,废料利用方案。当采用罩面方案时,应根据道路现有情况给出上跨桥净空不足处置方案,路缘(肩)石改造方案,路面排水设计改造方案,中央分隔带开口处置方案,与其他路面衔接处理方案,其他相关设施改造方案等。

(8)施工要点及施工注意事项:对施工流程及施工注意事项进行说明。对于动态设计项目,需对动态设计及监控方案进行说明。采用新技术、新工艺、新材料、新设备的项目,需对相关内容进行详细说明。

(9)材料性能及要求:材料性能及参数说明,混合料配合比设计及路用性能要求。采用新材料的项目,需对各项材料指标及施工质量验收标准进行详细说明。

(10)交通组织设计:根据项目具体情况,编制路段交通组织或路网交通组织设计说明。

2)设计图表

(1)路基标准横断面图:标示所有断面形式,示出路中心线、行车道、拦水带、路肩、路拱横坡、边坡、护坡道、边沟、碎落台、截水沟、用地界碑等各部分组成及其尺寸,路面宽度及路面结构。高速公路整体式路基、分离式路基分别绘制,还应示出中央分隔带、缘石、左侧路缘带、硬路肩(含右侧路缘带)、护栏、隔离栅、预埋管道(如果有)等设置位置及尺寸。

(2)路面病害治理总体分布图:包括主线段及互通立交匝道段,在病害治理总体分布图中绘出需要治理的病害路段、位置、深度等基本信息,绘制出施工组织段落分布情况和挖补段落的相关关系等设计图。坐标尺最小单位为5m,病害治理位置精确到1m。

(3)路面局部挖补病害治理工程数量表:包括主线段及互通立交匝道段,工程量计量应精确,数量表中应列出路面局部挖补治理段落起止桩号、长度、宽度、方向及车道位置、处置方案、各结构层名称、厚度、数量、各段落内主要病害类型、层间接缝设计、抗裂贴类材料数量、侧壁涂刷沥青、封缝、施工接缝等工程量。

(4)路面局部挖补病害治理设计图:包括主线段及互通立交匝道段,绘出路面局部挖补病害治理平面及剖面设计图,并标示出路面标线位置;绘出路面裂缝治理设计图(灌缝、铺设抗裂贴或土工织物)。

(5)主体养护工程数量表:包括主线段及互通立交匝道段,数量表中应列出起止桩号、方向、长度、宽度、结构类型、厚度、数量、封缝、施工缝处理、路边缘处理、侧壁涂刷沥青等。

(6)主体养护工程路面结构设计图:包括主线段及互通立交匝道段,标示出设计参数、位置、路缘石、拦水带、路肩石等,分单元绘出路面宽度、路面结构与厚度,以及与路缘石、路肩石等附属设施相接处的细部设计。

(7)路面衔接部位设计图:绘出桥面与路面衔接部位设计图、罩面段与未罩面段衔接顺坡设计图、互通立交匝道与主线路面衔接部位设计图、服务区出入口衔接部位设计图、上跨构造物净空不足处置设计图等。

(8)水泥混凝土路面工程数量表:数量表中应列出改造位置、起止桩号、长度,各结构层名称、厚度、数量,凿除原结构层名称、厚度、数量,过渡段结构形式等。

(9)水泥混凝土路面设计图:水泥混凝土路面应绘出水泥混凝土路面分块布置图、配筋图、接缝设计及刚柔过渡设计图等。比例1:50~1:500。

(10)路面标线工程数量表:根据标线内容及类型,列出起止桩号、长度、宽度、类型、数量等。

(11)路面标线工程设计图:包括工程所需的所有类型标线设计图,相关图纸可参照交通安全设施养护工程部分图纸。

(12)附属设施修复工程数量表:列出起止桩号、工程名称、长度、单位、数量等(包括拦水带维修更换、路肩石维修更换、路缘石维修更换、急流槽维修更换、超高段排水改造等)。

(13)中央分隔带开口处理工程数量表:包括(超高段)中央分隔带开口位置、长度、宽度、结构类型、数量等。对于现有中央分隔带开口较主线路面低时,应采用适当材料补齐至现有路面高程,然后与主线同时罩面处理。

(14)中央分隔带开口处理设计图:绘出开口样式、路面结构设计及厚度等,并列出主要工程量计算公式。

(15)防撞护栏高度调整工程数量表:包括主要材料、单位、数量、规格要求等。相关内容可参照交通安全设施养护工程部分图纸。

(16)防撞护栏高度调整工程设计图:包括护栏设置间距、材质、主要工程数量,以及路缘石、路面、拦水带的位置。相关图纸可参照交通安全设施养护工程部分图纸。

(17)桥头跳车治理工程数量表:列出桥梁/段落中心桩号、处理范围、桥跨形式、最大沉陷深度、治理位置,处理长度、宽度、深度,铣刨旧路面数量,重铺结构层数量,防水层、黏层、标线等工程量。

(18)桥头跳车治理设计图:包括治理平面布置图、纵断面图、横断面图,新铺路面结构层及厚度,示出各结构层纵、横向搭接宽度。

(19)交通组织设计图:根据项目具体情况,编制路段交通组织或路网交通组织设计图。

4.2.5 桥涵及交叉构造物

1)说明

(1)工程概述:桥涵所在路段长度、建设标准、通车年份、交通量情况等,桥梁结构形式,目前存在的主要问题,方案批复执行情况。

(2)设计依据:现行规范、标准,方案批复文件,桥涵检测报告,项目相关设计文件、养护资料等。

(3)设计原则:根据病害情况,制定相应的设计原则。

(4)病害描述与原因分析:结合现场调查及桥梁检测情况,对桥梁实际病害进行详细描述,给出检测结论;对于特殊病害,应对近几年检测报告进行对比分析,分析病害发展趋势;桥梁典型病害照片;结合桥梁现状及检测报告,对病害产生原因进行分析。

(5)养护设计方案:针对不同的桥梁病害形式及桥梁结构,分析提出不同的加固设计方案,包括上部结构加固方案、下部结构加固方案、附属结构加固方案。

(6)施工要点及施工注意事项:对施工流程及施工注意事项进行说明。对于动态设计项目,需对动态设计及监控方案进行说明。采用新技术、新工艺的项目,需对相关内容进行详细说明。

(7)材料性能及要求:材料性能及参数说明,对采用新材料的项目,需对各项材料指标及施工质量验收标准进行详细说明。

(8)交通组织设计:根据项目具体情况,编制路段交通组织或路网交通组织设计说明。

2)设计图表

(1)桥梁加固工程数量表:列出加固位置、加固材料名称及单位、数量。

(2)桥型加固总体布置图:参考原竣工图并结合现状情况汇出桥型布置图,将桥梁病害位置、范围进行标识。附注中注明原设计荷载标准、桥梁结构形式、总体加固方案。

(3)病害分布示意图:应示意出病害类型,具体分布位置、尺寸,裂缝长度、宽度。

(4)结构加固设计图:包括上部结构加固设计图、下部结构及基础加固设计图、附属结构加固设计图,示出立面图、平面图、横断面图、细部大样图等,详细示出加固材料尺寸。列出加固工程数量表。附注中注明相关施工注意事项。

(5)交通组织设计图:根据项目具体情况,编制路段交通组织或路网交通组织设计图。

4.2.6 隧道(土建工程)

1)说明

(1)工程概述:隧道所在路段长度、建设标准、通车年份、交通量情况等,隧道结构形式、长度,目前存在的主要问题,方案批复执行情况。

(2)设计依据:现行规范、标准,方案批复文件,隧道检测报告,项目相关设计文件、养护资料等。

(3)设计原则:根据病害情况,制定相应的设计原则。

(4)病害描述与原因分析:根据隧道病害调查、检测、评定结果,结合现场实际情况,详述病害现状,分析病害产生原因,列出典型病害照片。

(5)隧道养护设计方案:针对不同的隧道病害形式及隧道结构,分析提出不同的加固设计方案,包括洞门加固、洞口病害治理、衬砌修补或加固、渗漏水治理、冻害治理、排水系统改造、隧道内路面维修改造、隧道内交安设施改造提升、电缆沟及内饰修复等工程内容。

（6）施工要点及施工注意事项：对施工流程及施工注意事项进行说明。对于动态设计项目,需对动态设计及监控方案进行说明。采用新技术、新工艺的项目,需对相关内容进行详细说明。

（7）材料性能及要求：材料性能及参数说明。对于隧道内路面改造,应对路面材料、混合料、级配组成等提出设计指标及设计参数。采用新材料的项目,应对各项材料指标及施工质量验收标准进行详细说明。

（8）交通组织设计：根据项目具体情况,编制路段交通组织或路网交通组织设计说明。

2）设计图表

（1）隧道加固工程数量表：列出病害治理起讫桩号及上下行方向、治理长度、治理内容、加固材料名称及单位、数量。

（2）隧道加固平面示意图：参考原竣工图并结合现状绘出隧道平面示意图,将病害位置、范围进行标识。附注中注明总体加固方案。

（3）隧道建筑界限及内轮廓图：参考原竣工图并结合现状绘出隧道建筑界限及内轮廓图。

（4）病害分布示意图：示意出病害类型、具体分布位置、尺寸,裂缝长度、宽度等。

（5）结构加固设计图：包括衬砌支挡加固设计图,隧道内路面改造设计图,排水设施改造设计图,交通安全设施改造设计图等。示出各类加固横断面图、细部大样图等,详细示出加固材料长度、宽度及连接部件详细尺寸。列出加固工程数量表。附注中注明相关施工注意事项。

（6）交通组织设计图：根据项目具体情况,编制路段交通组织或路网交通组织设计图。

4.2.7 交通安全设施

1）说明

（1）工程概述：项目所在路段长度、建设标准、通车年份、交通量情况等,项目目前存在的主要问题,方案批复执行情况。

（2）设计依据：现行规范、标准,方案批复文件,项目相关设计文件、养护资料等。

（3）现状病害描述与原因分析：结合现场实际情况,分析各类安全设施是否达到设计年限,分析病害产生原因,列出典型病害照片。

（4）更新改造设计方案：设计方案应明确各类安全设施的设置形式及设置原则,包括标志更新改造、标线更新改造、护栏更新改造、防眩设施更换、隔离栅更新改造、防落物网更换、增设限高门架等工程内容。

（5）施工要点及施工注意事项：对施工流程及施工注意事项进行说明。采用新技术、新工艺的项目,需对相关内容进行详细说明。

（6）材料性能及要求：材料性能及参数说明。采用新材料的项目,需对各项材料指标及验收标准进行详细说明。

（7）交通组织设计：根据项目具体情况,编制路段交通组织或路网交通组织设计说明。

2）设计图表

（1）交通安全设施工程数量汇总表。

（2）标志更新改造设计。

①交通标志更换工程数量汇总表；

②标志材料数量汇总表；

③互通标志布设图；

④标志版面布置图；

⑤标志一般构造图。

（3）标线更新改造设计。

①标线设置一览表；
②主线标准段标线布设图；
③互通连接部标线设计图；
④振荡标线设计图；
⑤出口标线设计图；
⑥入口标线设计图；
⑦收费站广场标线布设图。
（4）护栏更新改造设计。
①护栏更新改造材料数量汇总表；
②护栏设置一览表；
③路侧波形梁护栏一般构造图；
④中央分隔带波形梁护栏结构设计图；
⑤活动护栏一般构造图；
⑥混凝土护栏一般构造图。
（5）防眩设施更新改造设计。
①防眩设施更新改造材料数量汇总表；
②防眩设施设置一览表；
③防眩设施一般构造图。
（6）隔离栅更新改造设计。
①隔离栅更新改造材料数量汇总表；
②隔离栅设置一览表；
③隔离栅一般构造图。
（7）防落物网更换设计。
①防落物网更换材料数量汇总表；
②防落物网设置一览表；
③防落物网一般构造图。
（8）增设限高门架设计。

①增设限高门架材料数量汇总表；
②增设限高门架设置一览表；
③限高门架安装位置示意图；
④限高门架一般构造图。
（9）交通组织设计。根据项目具体情况，编制路段交通组织或路网交通组织设计图。

4.2.8 收费车道扩建

1）收费车道扩建设计总说明
（1）工程概述：收费站建设标准、通车年份，所在互通形式、互通范围主线及匝道设计标准，被交路设计标准，收费站交通量、现有服务水平，方案批复执行情况等。
（2）设计依据：现行规范、标准，方案批复文件，项目相关设计文件、养护资料等。
（3）交通量分析及预测：如现阶段交通量与上阶段出现明显变化，需要重新进行分析及预测（预测年限为项目改造后15年）。
（4）项目现状及存在的问题：说明收费站现状，具体的收费车道数，路基路面、桥涵、交安设施、收费大棚、机电设施使用情况及存在的主要问题，列出典型病害照片。
（5）收费车道扩建方案：说明总体扩建方案，并分专业论述扩建方案。
①路基工程：路基标准横断面的设置，包括路拱横坡的设置、路基边坡坡率、路侧边沟设置形式等。路基填筑，包括原地表处置方式、路基填料的选定及压实度要求、路基搭接宽度、路基防护形式等。
②路面工程：收费广场两侧出入口匝道扩建部分路面结构形式，路面材料性能及参数说明、混合料配合比设计要求等。
③桥涵工程：现有桥涵结构形式及新加宽桥涵结构形式，原桥设计标准及新加宽桥涵设计标准，新加宽桥与原桥的连接方式，是否对原桥进行加固。桥

涵工程图表前应附详细的桥涵加宽设计说明。

④交通安全设施：说明原有交通安全设施是否能满足扩建后使用要求，明确新增加各类安全设施的设置形式及设置原则。

⑤房建工程：主要包含收费大棚、广场收费岛亭及岛上设施、收费站区需改造设施等。

⑥机电工程：说明原有机电设备是否能满足扩建后使用要求，明确新增加机电设备的标准、型号。

（6）施工组织及交通组织设计：施工总体安排，各专业施工流程，结合施工组织安排，制订交通组织方案。

2）设计图表

（1）土建工程数量汇总表：包含土建工程拆移及各专业主要工程数量。

（2）收费车道扩建总体设计图：示出互通区及收费站全貌。示出原有收费车道及扩建后收费车道数，原有收费广场及扩建后广场宽度、长度、中心桩号，扩建后收费广场与前后路基连接形式，扩建范围内构造物桩号、跨径，收费站区所在位置等。

（3）收费广场改造平面图：包括高程数据图及加宽段落硬路肩边缘坐标图。

（4）收费站广场平交口改造设计图：包括平交口渠化设计图、平交口元素点坐标设计图。

（5）路基工程数量表：起止桩号，加宽位置，长度，加宽面积，清表面积，路基填筑（挖方、填方、挖台阶、填前压实面积、碾压路槽、填前压实增方等），路基处理（路床填料处理、边沟基底处理、路基搭接处理等）。

（6）沥青路面路段搭接设计图：示出原有沥青路面结构形式、厚度，加宽部分沥青路面结构形式、厚度，新旧路拱横坡，新旧路面结构层搭接宽度，路肩石设置形式及尺寸，加宽部分路基填料，新旧路基挖台阶尺寸及连接形式。

（7）水泥路面路段搭接设计图：示出原有水泥路面结构形式、厚度，加宽部分水泥路面结构形式、厚度，新旧路拱横坡，新旧路面结构层搭接宽度，路肩石设置形式及尺寸，加宽部分路基填料，新旧路基挖台阶尺寸及连接形式。

（8）挡墙路段搭接设计图：示出挡墙结构形式，路面结构形式、厚度，加宽部分路面结构形式、厚度，新旧路拱横坡，新旧路面结构层搭接宽度，路肩石设置形式及尺寸，加宽部分路基填料，新旧路基挖台阶尺寸及连接形式。

（9）路面工程数量表：起止桩号，加宽位置，长度，加宽面积，凿除路面结构及厚度，新增水泥路面各结构层名称及厚度，新增沥青路面各结构层名称及厚度，路肩石、路肩培土等工程数量。

（10）水泥路面设计图：绘出水泥混凝土路面分块布置、接缝构造和补强设计及刚柔过渡设计图等。

（11）路基路面排水防护工程数量表：起止桩号，加宽位置，长度，各结构形式材料工程数量。

（12）路基防护工程设计图：绘出各项支挡、防护工程的立面、断面及详细结构设计图。按不同情况列出每延米或每处工程及材料数量表。挡土墙设计还应绘制平、纵面图、逐桩及墙高变化处的横断面图、挡土墙断面大样图、挡墙顶部护栏基础设计图，以及不同墙高对应尺寸和每延米数量，并计列每处（段）工程及材料数量表。

（13）路基排水处置工程设计图：绘出各项排水工程平面布置、立面、断面及结构设计图和有关大样图。列出急流槽、集水井与横向排水管的设置位置及每延米或每处工程数量表。

（14）拆除、迁移工程数量表：电缆井及通信井迁建计入房建工程。

（15）桥涵拼宽工程。

①桥涵拼宽工程设计说明：

工程概述：桥涵桩号、跨径、交角，上下部结构形式，桥梁检测结论，桥梁加宽形式。

设计依据：现行桥梁规范、标准，项目相关设计文件、养护资料等。

设计标准：原桥设计标准及新加宽桥涵设计标准。

设计方案：加宽部分上下部结构形式，新旧桥连接形式，旧桥加固措施。

施工要点及施工注意事项:对施工流程及施工注意事项进行说明。对于动态设计项目,需对动态设计及监控方案进行说明。采用新技术、新工艺的项目,需对相关内容进行详细说明。

材料性能及要求说明:材料性能及参数说明,采用新材料的项目,需对各项材料指标及验收标准进行详细说明。

②桥涵加宽设计图、表:桥梁各部件构造图、表可参考《公路工程基本建设项目设计文件编制办法》(交公路发〔2007〕358号)相关要求编制,增加新旧桥连接构造图。

(16)交通安全设施设计图、表:各类安全设施工程数量表、构造图可参考《公路工程基本建设项目设计文件编制办法》(交公路发〔2007〕358号)相关要求编制,设置形式需考虑与收费站广场前后路段的协调统一。

(17)房建工程:主要内容为收费大棚改造、收费岛改造、收费亭改造、站区及广场建筑物恢复、电缆井及通信井迁建等相关工程,包含设计说明及设计图纸。

①设计说明:包括建筑专业、结构专业、电气专业等相关专业说明。

②房建工程设计图、表:包括各专业的总体图、平面图、立面图、剖面图、大样图等。具体可参考《公路工程基本建设项目设计文件编制办法》(交公路发〔2007〕358号)相关要求进行编制。

(18)机电工程:包含设计说明及设计图纸。

①机电工程设计说明:

工程概述:简述收费车道扩建方案,现有机电设备使用情况,新增机电设备与现有设备界面的划分,设计依据。

设计目标:新增机电设备要达到的目标。

设计原则:所遵循的设计原则。

设计内容:包括收费车道设备、收费系统软件、收费闭路电视监视系统,内部对讲系统,报警系统,收费附属设施。

系统方案:收费制式和收费模式,收费系统构成,收费图像数据传输,收费设备供电,集中设备,收费附属设施。

系统功能:分析说明各收费系统功能。

主要设备技术指标:MTC车道设备技术指标,ETC车道设备技术指标,收费闭路监视系统技术指标,机电设备的迁移。

②机电工程设计图、表:新增设备需考虑与原有机电设备的兼容,具体图纸可参考《公路工程基本建设项目设计文件编制办法》(交公路发〔2007〕358号)相关要求编制。

(19)交通组织设计图:根据项目具体情况,编制路段交通组织或路网交通组织设计图。

4.2.9 绿化与环境保护

1)说明

(1)工程概述:项目所在路段长度、建设标准、通车年份、交通量情况等;项目目前存在的主要问题;相关部门和运营管理单位的意见及落实情况,方案批复执行情况。

(2)设计依据:现行规范、标准,方案批复文件,噪声检测报告,项目相关设计文件、养护资料等。

(3)现状病害描述与原因分析:现有公路环境保护工程病害调查、评价结论,结合现场实际情况,分析病害产生原因。

(4)改造设计方案:考虑改造方案与沿线自然环境协调一致的原则,通过对主要场地自然条件(包括土壤、水分、降雨量、风力风向、自然物种等)的分析,提出设计理念、设计原则及表现手法,包括主线路侧绿化提升,主线中央分隔带绿化提升,互通区绿化提升,服务区及停车区绿化提升,隧道出入口绿化提升,增设声屏障等。

(5)材料性能及要求说明:对拟采用的植物配置及特性进行说明,对降噪设施的材料性能及参数进行说明。采用新材料的项目,需对各项材料指标及验收标准进行详细说明。

(6)施工中的环境保护措施及注意事项。

（7）交通组织设计说明：根据项目具体情况，编制路段交通组织或路网交通组织设计说明。

2）设计图表

（1）环境保护工程数量表。

（2）绿化提升设计图：绘出各区段景观绿化设计图及大样图。

（3）降噪设计图：绘出降噪设计（如声屏障、降噪林等）的位置、结构类型、主要尺寸及规格等，列出单位材料数量表。

4.2.10 交通组织设计

1）说明

（1）项目概况：项目所在路段工程规模、建设标准、建设年代；项目总体改造方案，包括改造范围、改造内容、各阶段工期安排等。

（2）设计依据：现行规范、标准；项目相关设计文件、养护资料等。根据项目所在路网交通状况，制定交通组织设计原则。

（3）设计原则：在分析项目路段及影响范围的路网内道路技术等级、交通组织、交通流特性、气候特征的基础上，结合既有公路技术状况、养护方案、施工工期安排以及造价等综合因素，确定交通组织设计基本原则。

（4）区域路网交通组织设计：

①路网状况分析：应对沿线路网可能分流路径的等级、路面结构、桥梁荷载、交通量、养护计划、收费站、收费标准、道路规划、重大活动等进行详细调研和整理，为制订路网分流方案提供基础资料。

②路网分流方案：应对施工路段通行能力及服务水平进行分析，确定三级服务水平下所能服务的最大交通量，同时对路网交通量进行分析，评价路网能否容纳所需分流的交通量，再根据养护工程实施计划对交通组织的时段进行划分，确定路网分流路径和分流点的设置。对于大型工程的路网分流宜考虑三个层次，诱导点、分流点、管制点。

（5）局部路段交通组织设计：应根据互通区间、设计单元、构造物分布等，确定路段总体保通方案；应结合养护设计方案，确定作业区布置设计，包括作业区的布置方式，作业区的标志和标线，有源信号设施等。

（6）特殊工点交通组织设计：包括互通立交匝道、桥梁、隧道等。

（7）交通组织管理体系及应急预案：应组成强有力的组织机构，完善交通组织管理体系；应针对各施工阶段的交通组织形式，制订详细、可操作的救援及预案工作，包括路段警力分布、应急开口的管理及启动机制、救援车辆的配置、管理人员的配备等。

（8）临时交通工程及沿线设施设计：临时交通标志、标线、水马等其他临时安全设施的设置形式、材料性能要求等。

2）设计图表

（1）临时交通设施设置一览表。

（2）分流点标志设置示意图。

（3）标志版面设计图。

（4）分流标志牌结构图。

（5）一般路段养护作业布置图。

（6）特殊工点养护作业布置图。

4.2.11 预算

1）说明

（1）方案设计批复意见执行情况。

（2）编制依据。

（3）定额选用、有关单价及费用标准。

（4）沿线筑路材料的质量、储藏量、供应量及运距。

（5）主要工程数量及施工图预算。

（6）施工图预算与方案批复估算对比情况说明。

2）设计图表

施工图设计预算应按交通运输部现行《公路工程基本建设项目概算预算

编制办法》《公路工程预算定额》和《河北省高速公路小修保养和中修工程预算定额》及其他相关规定编制。

4.2.12 附件

（1）公路技术状况评价报告；
（2）原工程施工图、竣工图等设计文件、基础资料；
（3）各阶段《勘察报告》；
（4）《可行性研究报告》或《方案研究报告》；
（5）主管部门批复意见；
（6）设计合同；
（7）专题研究；
（8）测量资料。

5 设计成果的提交

5.0.1 方案研究报告由主报告及附件两部分组成。主报告采用297mm×210mm(A4),附件图册采用420mm×297mm(A3)。方案研究报告封面颜色采用墨绿色。

报告的文本格式如下。

章标题字体:小二黑体。

节标题字体:三号黑体。

条标题字体:小三黑体。

正文字体:采用小四宋体,行间距采用1.5倍行距。

页码:五号宋体。

数字和字母:采用 Times New Roman 字体。

5.0.2 施工图设计文件幅面尺寸应采用420mm×297mm(A3横式)。设计文件应装订成册,每册不宜过厚或过薄,以便于使用和保管。

各种设计图纸的幅面尺寸一般采用297mm×420mm。必要时可增大幅面,其尺寸应符合现行《道路工程制图标准》(GB 50162)的规定。送审的图纸应按297mm×420mm折叠,也可按210mm×297mm折叠。

5.0.3 设计文件每册封面上一般应列出养护工程路段及里程全长、设计阶段及设计文件名称、册数(第×册 共×册)、设计单位名称。

设计文件每册扉页的内容应包括养护项目路段及里程全长、设计阶段及设计文件名称、勘测设计证书等级及编号、各级负责人签署,参加设计人员姓名、职务、职称及工作项目或内容、设计文件编制年月。

设计预算文件可单独成册。

设计文件每册应有目录。

养护项目一般多为单项工程,图表册中各项目图号可根据项目实际情况进行调整。

设计文件中的图表均应由相应资格的设计、复核、审核人员签署。

送审的设计文件封面颜色:施工图设计文件为奶油白色或象牙白色。

5.0.4 设计文件中的计量单位应采用《中华人民共和国法定计量单位》;公路工程名词应采用《公路工程技术标准》(JTG B01—2014)、《公路工程名词术语》(JTJ 002—1987)、《道路工程术语标准》(GBJ 124—1988)及有关技术规范、规程所规定的名词,无规定时可采用专业习惯使用的名词。

附件：

河北省高速公路养护专项工程设计文件编制图表示例

××高速公路××—××段养护专项工程

一阶段施工图设计

第×册　共×册

测设单位名称

二○××年××月

××高速公路××—××段养护专项工程

一阶段施工图设计

第×册　共×册

第×册　总体设计	第×册　交通安全设施
第×册　路基	第×册　收费车道扩建
第×册　路面	第×册　绿化与环境保护
第×册　桥涵及交叉构造物	第×册　交通组织
第×册　隧道（土建）	第×册　施工图预算
	第×册　……

技 术 负 责 人：
项 目 负 责 人：
… … …　：
… … …　：
… … …　：
勘 测 设 计 单 位：
等　　　　　级：
证　书　　号：

总 目 录

项目名称: 第1页 共1页

序号	图纸名称	图号	备注	序号	图纸名称	图号	备注
一	总体设计			3	机电工程		
1	项目地理位置图			4	…		
2	说明书			八	绿化与环境保护		
3	…			1	绿色提升工程		
二	路基			2	增设声屏障工程		
1	路基防护工程			3	…		
2	路基排水工程			九	交通组织		
3	…			1	…		
三	路面						
1	沥青路面病害治理工程						
2	水泥混凝土路面病害治理工程						
3	…						
四	桥涵及交叉构造物						
1	上部结构加固工程						
2	下部结构加固工程						
3	…						
五	隧道(土建)						
1	衬砌支挡加固工程						
2	排水设施改造工程						
3	…						
六	交通安全设施						
1	标志更新改造工程						
2	护栏更新改造工程						
3	…						
七	收费车道扩建						
1	主体工程						
2	房建工程						

总体设计

总 体 设 计

项目名称： 第1页 共1页

序号	图纸名称	图号	备注	序号	图纸名称	图号	备注
1	项目地理位置图	S1	1	29			
2	说明书	S2	1	30			
3	设计图纸(略)			31			
4				32			
5				33			
6				34			
7				35			
8				36			
9				37			
10				38			
11				39			
12				40			
13				41			
14				42			
15				43			
16				44			
17				45			
18				46			
19				47			
20				48			
21				49			
22				50			
23				51			
24				52			
25				53			
26				54			
27				55			
28				56			

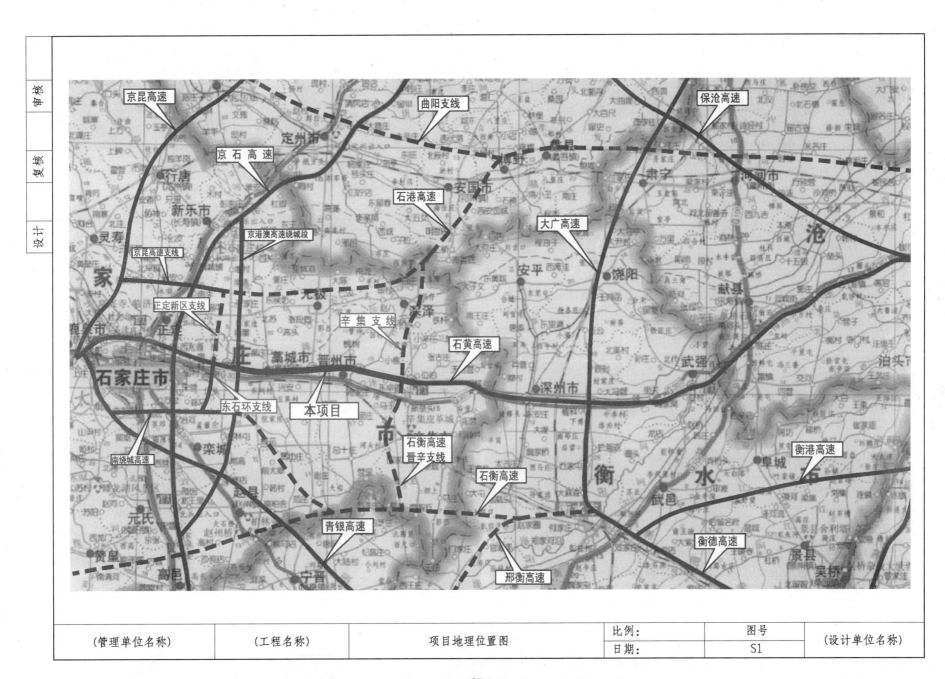

工程名称： S2

说 明 书

1. 工程概述

项目所在路段工程规模、建设标准、建设年代;养护工程起、终点、中间控制点;简要说明任务依据及测设经过。

2. 技术标准

说明设计依据、工程技术标准。

3. 总体设计

设计原则、总体设计方案。

4. 路基

工程现状、地质勘查情况、设计方案。

5. 路面

工程现状(路面结构、路面病害状况等)、设计方案。

6. 桥涵及交叉构造物

工程现状(桥梁分布情况、桥梁检测结论)、设计方案。

7. 隧道(土建工程)

工程现状(隧道分布情况、隧道检测结论)、设计方案。

8. 交通安全设施

工程现状、设计方案。

9. 绿化与环境保护

工程现状、设计方案。

10. 方案批复意见执行情况

批复方案拟定的修建原则、设计方案、技术决定等如有变更时,应说明其变更理由或依据。

11. 筑路材料

12. 总体实施步骤及工序衔接

13. 交通组织设计

14. 新技术、新材料、新设备、新工艺的采用和计算机应用等情况

15. 与有关部门协商情况

16. 注意事项

设计单位名称：

路　基

路　基

项目名称：

第 1 页　共 1 页

序号	图纸名称	图　号	备　注	序号	图纸名称	图　号	备　注
1	路基设计说明	S1	1	29			
2	项目位置平面图	S2	1	30			
3	路基标准横断面图	S3-1	1	31			
4	路基防护工程数量表	S3-2	1	32			
5	路基防护工程设计图	S3-3	2	33			
6	路基排水工程数量表	S3-4	2	34			
7	路基排水工程设计图	S3-5	2	35			
8	…		…	36			
9				37			
10				38			
11				39			
12				40			
13				41			
14				42			
15				43			
16				44			
17				45			
18				46			
19				47			
20				48			
21				49			
22				50			
23				51			
24				52			
25				53			
26				54			
27				55			
28				56			

| 工程名称： | S1 |

路基设计说明

1. 概述

工程规模、建设标准、建设及通车年份等，养护工程起、终点，方案批复执行情况。

2. 设计依据

现行规范、标准，方案批复文件，地质勘查报告，项目相关设计文件、养护资料等。

3. 设计原则

根据病害情况，制定相应的设计原则。

4. 路基病害调查、检测、评定

详述病害现状并附典型照片，检测数据分析及评定结论，病害原因分析。

5. 养护设计方案

根据病害情况，制订设计方案，包括一般路基边坡防护加固治理、路堑边坡塌方治理、路基沉陷治理、填方路基滑移病害治理等。

6. 施工要点及施工注意事项

对施工流程及施工注意事项进行说明。对于动态设计项目，需对动态设计及监控方案进行说明。采用新技术、新工艺的项目，需对相关内容进行详细说明。

7. 材料性能及要求

材料性能及参数说明。采用新材料的项目，需对各项材料指标及验收标准进行详细说明。

8. 交通组织设计

根据项目具体情况，编制路段交通组织或路网交通组织设计说明。

设计单位名称：

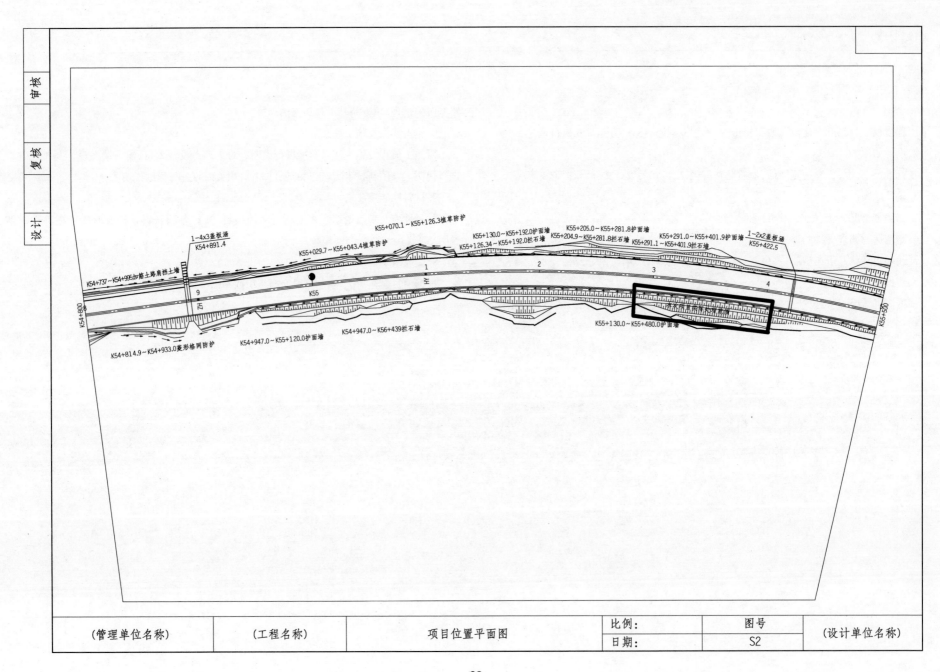

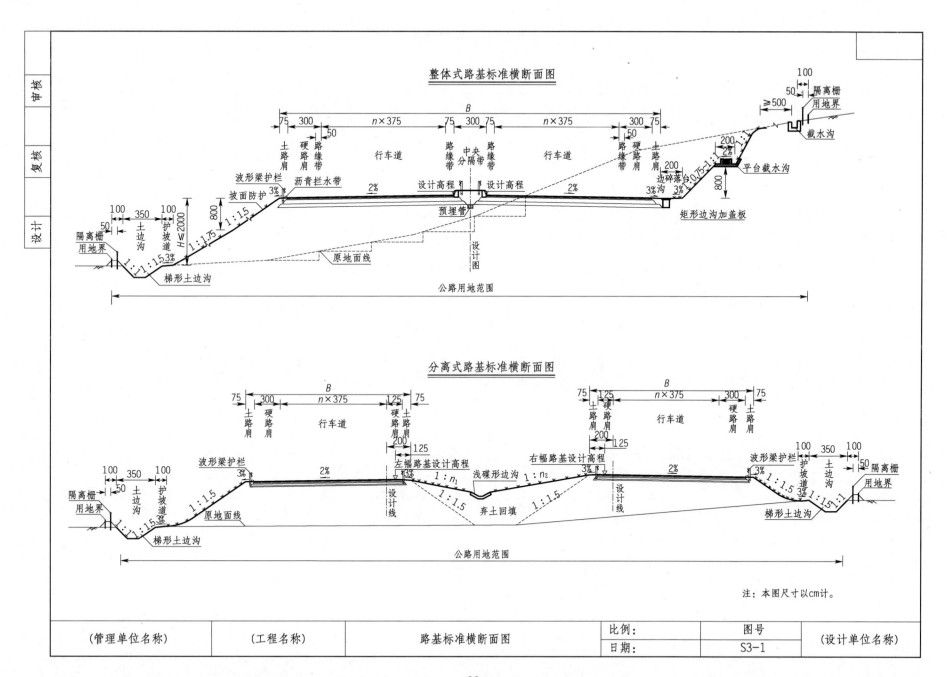

路 基 防 护 工 程 数 量 表

项目名称： S3-2

序号	起讫桩号	采用防护形式	位置长度		工程数量														备注
			左	右	C30混凝土预制块	M7.5浆砌片石	M15砂浆	现浇C25混凝土	砂砾	喷播草籽	培耕植土	φ40mm锚杆孔总长	φ16mm锚杆钢筋总长	R235钢筋	HRB335钢筋	开挖土石方	…	…	拆除圬工	
			m	m	m³	m³	m³	m³	m³	m²	m³	m	m	kg	kg	m³	…	…	m³	
1																				
2																				
3																				
4																				
5																				
6																				
7																				
8																				
9																				
10																				
11																				
12																				
13																				
14																				
15																				
16																				
17																				
18																				
19																				
20																				
21																				
22																				
23																				
24																				

编制：　　　　　　　　　　　　　　　　　　　　　　　　　　　　　　复核：

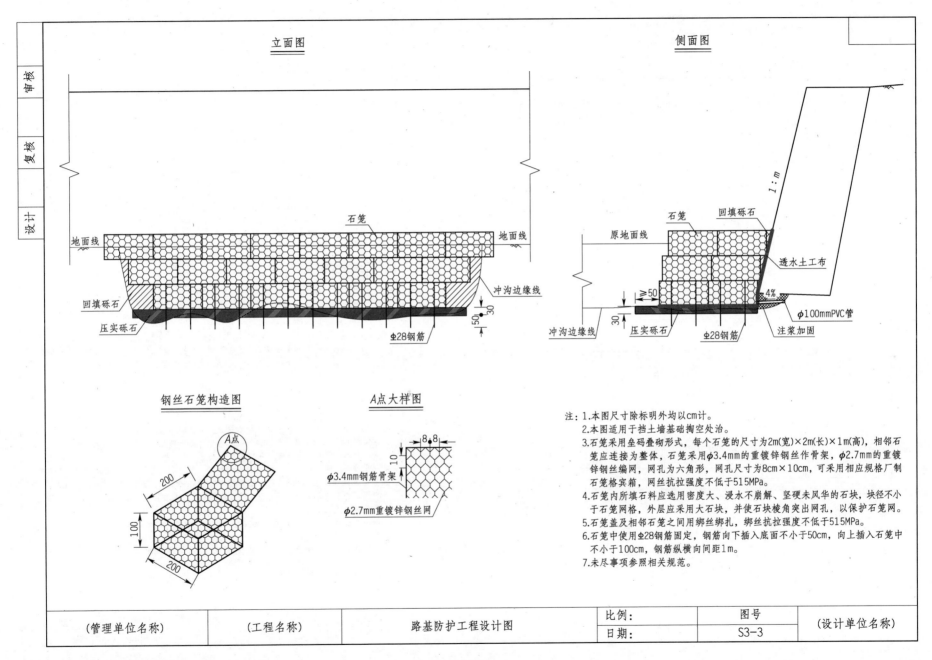

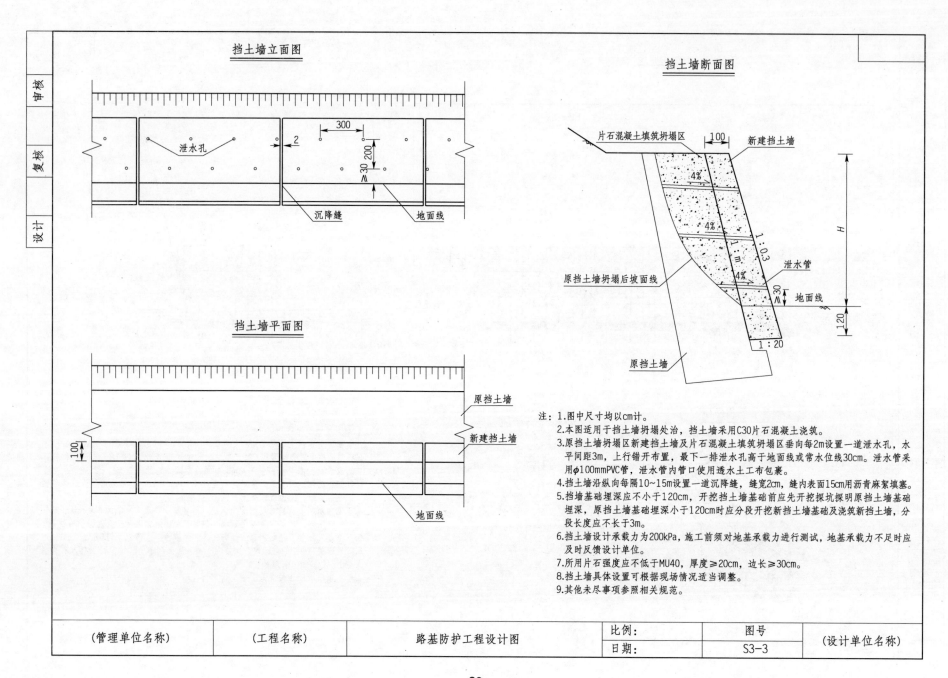

路基排水工程数量表

项目名称：　　S3-4

序号	起讫桩号	排水形式	位置长度		工程数量												备注
			左	右	C25现浇混凝土	C30混凝土盖板	C15混凝土现浇	砂砾垫层	碎石	开挖土方	R235钢筋	HRB335钢筋	植草	回填耕植土	...	...	拆除圬工	
			m	m	m³	m³	m³	m³	m³	m³	kg	kg	m²	m³			m³	

编制：　　复核：

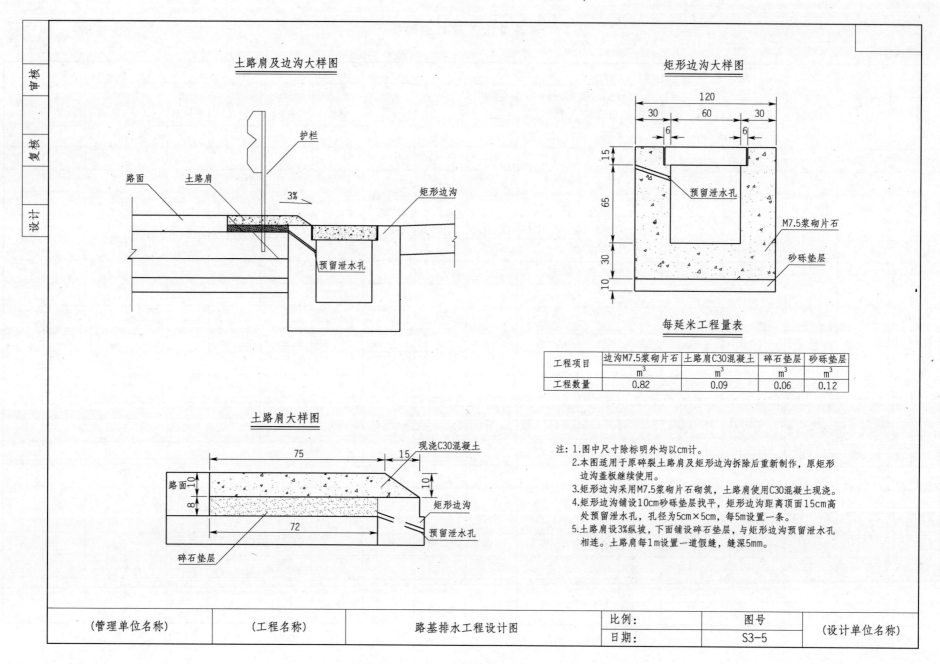

坡顶截水沟大样图

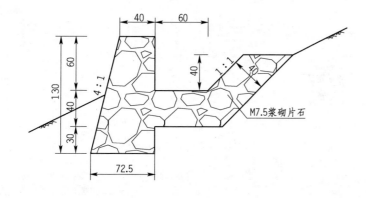

平台排水沟大样图

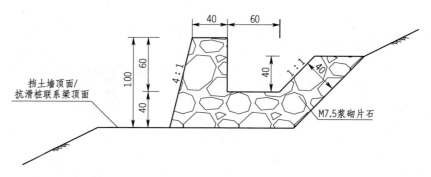

每延米工程量表

工程项目	截水沟开挖土方 m³	截水沟M7.5浆砌片石 m³	平台排水沟M7.5浆砌片石 m³
工程数量	0.7	1.36	1.12

注：1. 图中尺寸除标明外均以cm计。
2. 本图适用于新建坡顶截水沟及平台排水沟。
3. 截水沟及平台拦水墙采用M7.5浆砌片石砌筑。

路基排水工程设计图　图号 S3-5

路　　面

路　面

项目名称：　　第1页　共1页

序号	图纸名称	图号	备注	序号	图纸名称	图号	备注
1	路面设计说明	S1	1	29			
2	路基标准横断面图	S2	1	30			
3	路面病害治理总体分布图	S3	1	31			
4	路面局部挖补病害治理工程数量表	S4	1	32			
5	路面局部挖补病害治理设计图	S5	1	33			
6	路面罩面工程数量表	S6	1	34			
7	路面罩面结构设计图	S7	1	35			
8	路面衔接部位设计图	S8	1	36			
9	水泥混凝土路面工程数量表	S9	1	37			
10	水泥混凝土路面设计图	S10	1	38			
11	路面标线工程数量表	S11	1	39			
12	路面标线工程设计图	S12	1	40			
13	附属设施修复工程数量表	S13	1	41			
14	中央分隔带开口处理工程数量表	S14	1	42			
15	中央分隔带开口处理设计图	S15	1	43			
16	桥头跳车治理工程数量表	S16	1	44			
17	桥头跳车治理工程设计图	S17	1	45			
18	…	…	…	46			
19				47			
20				48			
21				49			
22				50			
23				51			
24				52			
25				53			
26				54			
27				55			
28				56			

项目名称：　　　S1

路面设计说明

1. 工程概述

工程规模、建设标准、建设及通车年份等；养护工程起、终点、历次路面大中修养护历史，方案批复执行情况。

2. 设计依据

现行规范、标准；方案批复文件；路面检测报告；项目相关设计文件、养护资料等。

3. 设计原则

根据病害情况，制定相应的设计原则。

4. 路面技术状况评价

根据检测结果，结合现状实地调查及钻芯试验结果，对路面损坏状况(PCI)、路面行驶质量(RQI)、路面车辙(RDI)、路面抗滑性能(SRI)、路面结构强度(PSSI)进行分析。根据路面病害情况，按每100m桩号绘制各路段相关指标技术状况指数趋势表，同时根据养护历史对比分析上次大中修至本次维修期间各年度相应指标技术状况发展趋势，对路面总体状况进行评定。

5. 路面病害现状调查

分段落现状典型病害照片，路面结构层构成，上跨构造物净空，现有护栏高度，路缘石高度，路面排水设施的损坏等内容。

6. 病害原因分析

根据路面技术状况评价结果及现状病害调查，分析病害产生原因。

7. 养护设计方案

不同段落病害处置方案，特殊工点病害处置方案，废料利用方案。当采用罩面方案时，应根据道路现有情况给出上跨桥净空不足处置方案，路缘(肩)石改造方案，路面排水设计改造方案，中央分隔带开口处理方案，与其他路面衔接处理方案，其他相关设施改造方案等。

8. 施工要点及施工注意事项

对施工流程及施工注意事项进行说明。对于动态设计项目，需对动态设计及监控方案进行说明。采用新技术、新工艺、新材料、新设备的项目，需对相关内容进行详细说明。

9. 材料性能及要求

材料性能及参数说明，混合料配合比设计要求。采用新材料的项目，需对各项材料指标及验收标准进行详细说明。

10. 交通组织设计

根据项目具体情况，编制路段交通组织或路网交通组织设计图。

设计单位名称：

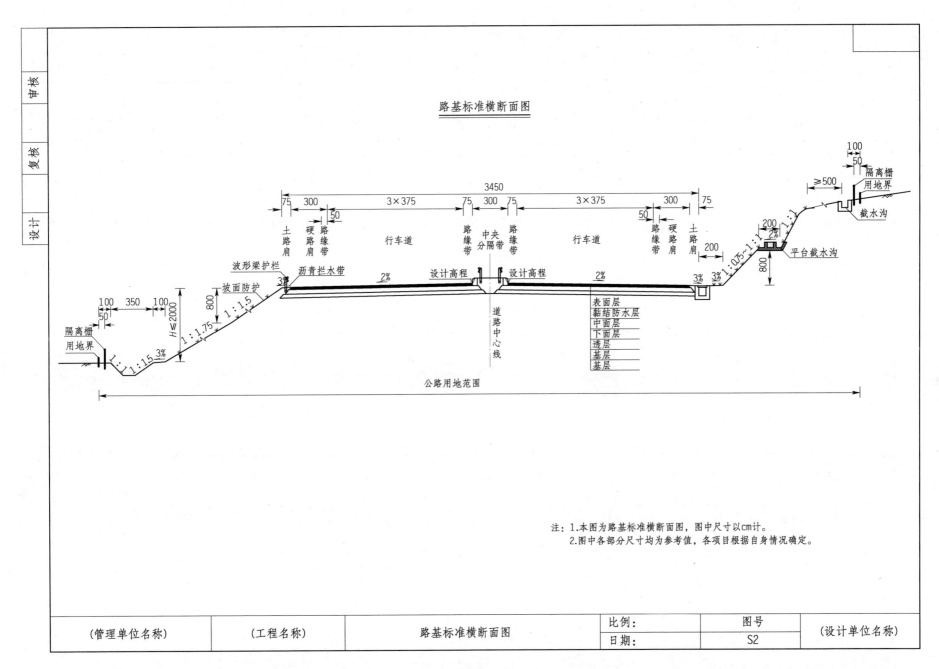

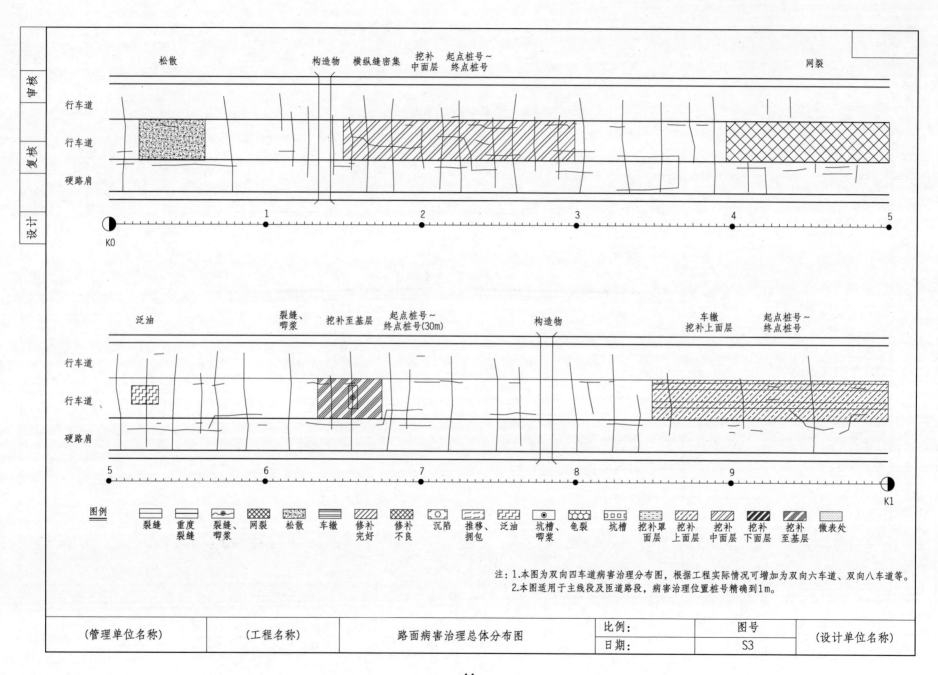

路面局部挖补病害治理工程数量表

项目名称： S4

序号	起止桩号	方向（或匝道编号）	路段长度	治理宽度	治理深度	车道位置	铣刨工程量			新铺工程量									备注
							铣刨第一层	铣刨第二层	铣刨第三层	新铺第一层	新铺第二层	新铺第三层	黏结防水层	黏层油	透层油	改性沥青刷涂坑槽壁	抗裂贴类材料	灌缝	
			m	m	cm		m²	m²	m²	m²	m²	m²	m²	m²	m²	m²	m²	m	
合计																			

编制：　　复核：

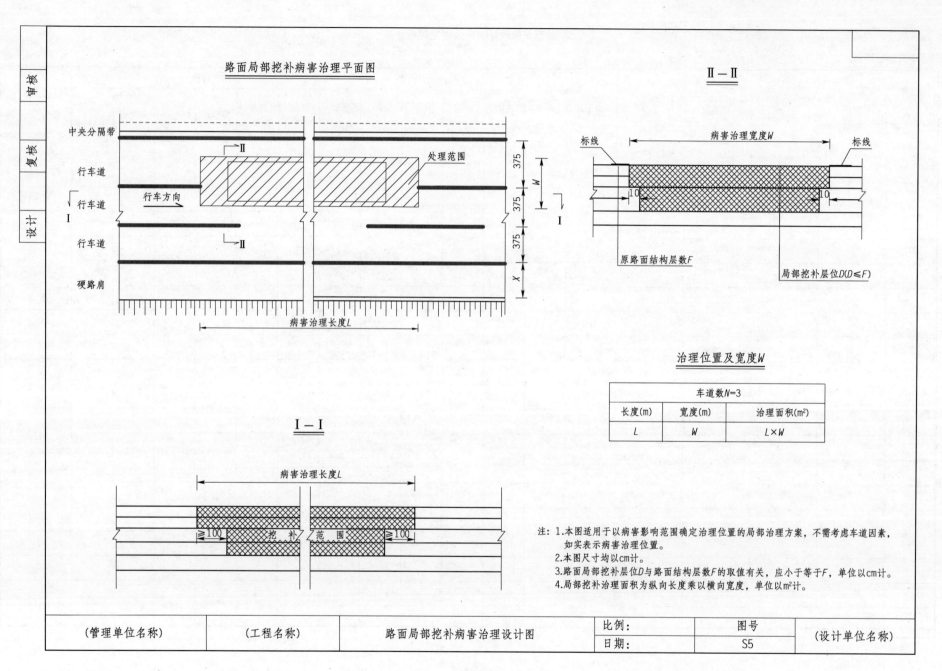

路面罩面工程数量表

项目名称：

S6

序号	起止桩号	方向（或匝道编号）	路段长度 m	衔接部位铣刨（根据方案设置）m²	表面层铣刨（根据方案设置）m²	新铺罩面层 m²	SBS黏结防水层 m²	15cm宽施工接缝 m²	改性热沥青封缝 m²	抗裂贴类材料 m²	备注
合计											

编制：　　　　　　　　　　　　　　　　　　　　　　　　　　　　　　　　　　　　　复核：

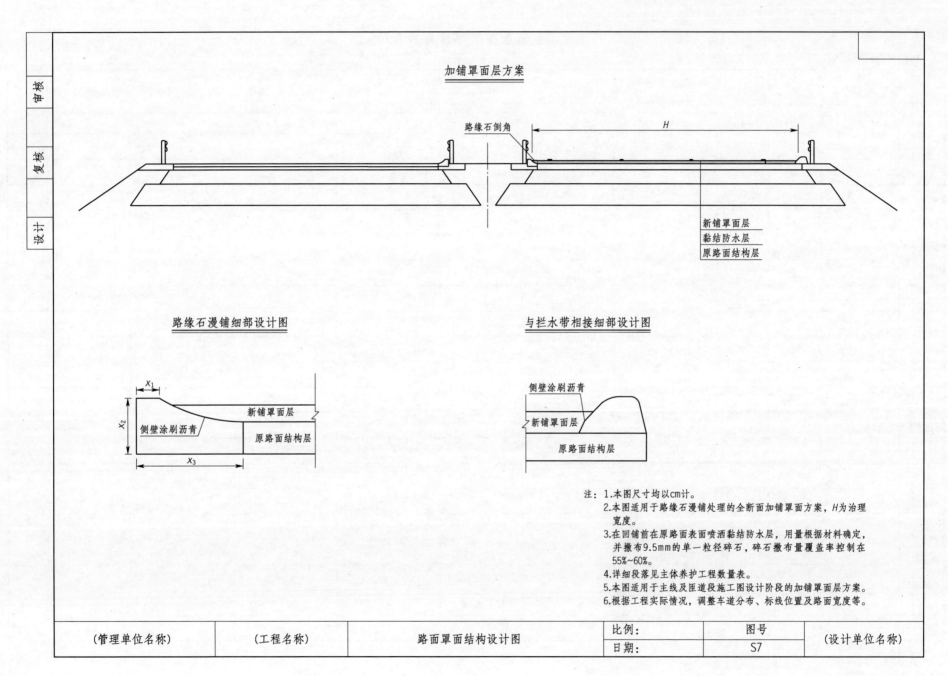

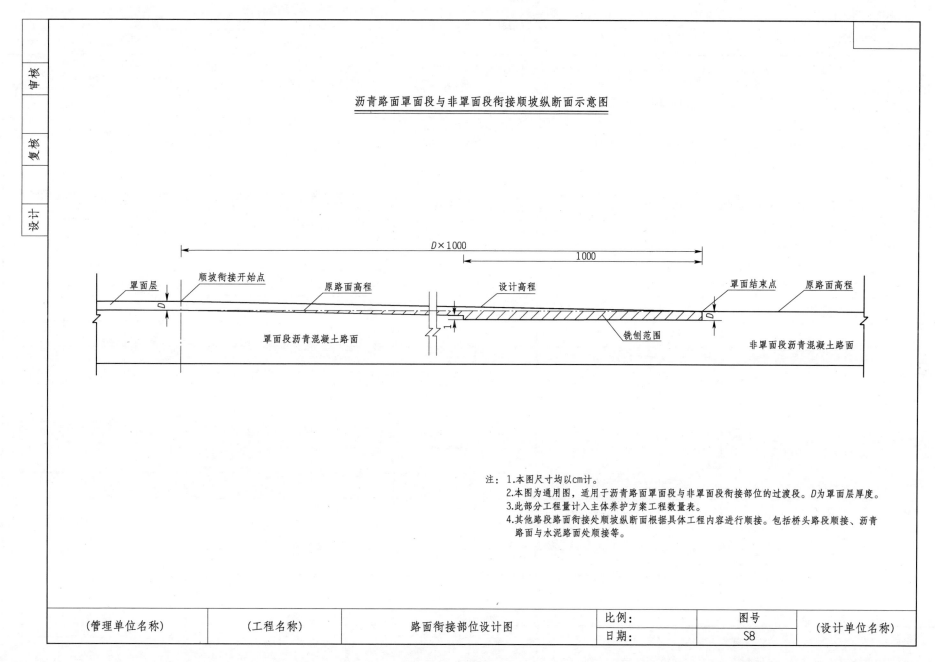

水泥混凝土路面工程数量表

项目名称： S9

位 置	起讫桩号	路线长度 m	水泥混凝土面层 m²	基层 m²	底基层 m²	HRB400 钢筋 kg	HPB300 钢筋 kg	过渡段水泥混凝土 m³	过渡段沥青混凝土 m³	凿除水泥混凝土面层 m³	凿除基层 m³	路肩石 m³	垫层 m³	备 注
合计														

编制： 复核：

板块配筋图

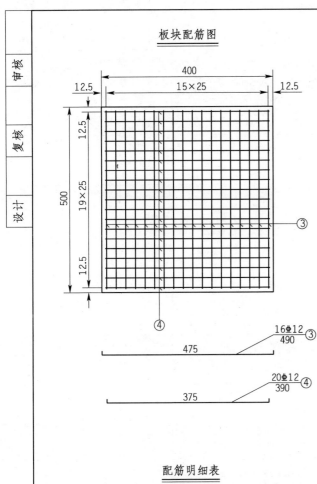

异形面板配筋示例图

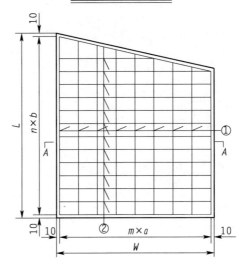

A-A剖面

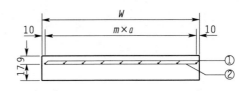

配筋明细表

编号	规格 (mm)	单根长度 (cm)	根数 (根)	总长 (m)	质量 (kg)	总质量 (kg)
①						
②						
③						
④						

异形块钢筋间距对照表

L(m)	L<6	L≥6
a(cm)	25	20

注：1.图中尺寸除钢筋直径以mm计外，其余均以cm计。
2.图中L为板长、W为板宽、a为纵向钢筋间距、b为横向钢筋间距，m为纵向钢筋根数，n为横向钢筋根数。
3.异形块横向钢筋间距b均为25cm，纵向钢筋间距参照对照表选取。
4.纵向钢筋和横向钢筋均采用⌀12螺纹钢筋，纵向钢筋设在表面层下9cm处，横向钢筋位于纵向钢筋下方。
5.施工图设计应根据具体工程内容编制水泥路面接缝图及水泥混凝土路面与沥青路面搭接构造图等。

水泥混凝土路面设计图　图号 S10

路面标线工程数量表

项目名称：

S11

起讫桩号	铣刨标线工程量	标线宽度	主线				出入口区						匝道		其他标线
			实线		虚线		斑马线		宽虚线		减速标线	振动减速标线	匝道实线		
			长度	白色	长度	白色	长度	白色	长度	白色	白色	白色	长度	白色	
		cm	m	m²	m	m²	m	m²	m	m²	m²	m²	m	m²	m²
合计															
总计(m²)			普通标线		振动标线										

编制：　　复核：

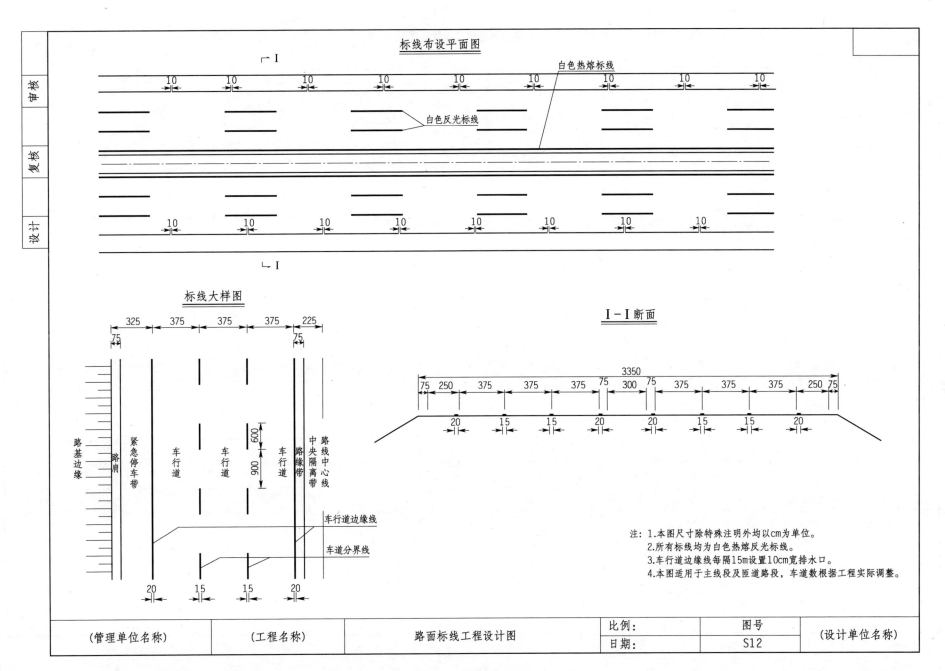

附属设施修复工程数量表

工程名称:

S13

序号	起止桩号	工程名称	方向	处理长度	工程量				备注
					拆除圬工	工程量一	工程量二	工程量三	
				m	m/m²/m³/处	m/m²/m³/处	m/m²/m³/处	m/m²/m³/处	
1		拦水带维修更换							
2		路肩石维修更换							
3		路缘石维修更换							
4		急流槽维修更换							
5		超高端排水改造							
6		…							
	合计								

编制:　　　　　　　　　　　　　　　　　　　　　　　　　　　　　　　　　　　　复核:

— 54 —

中央分隔带开口处理工程数量表

项目名称：

S14

序号	起止桩号	开口长度 m	宽 度 m	工程数量					备 注
				补齐至现路面高度 m^2	黏层油 m^2	新铺罩面层 m^2	黏结防水层 m^2	改性热沥青封缝 m	
	合计								

编制：　　　　　　　　　　　　　　　　　　　　　　　　　　　　　　　　　　　　　　复核：

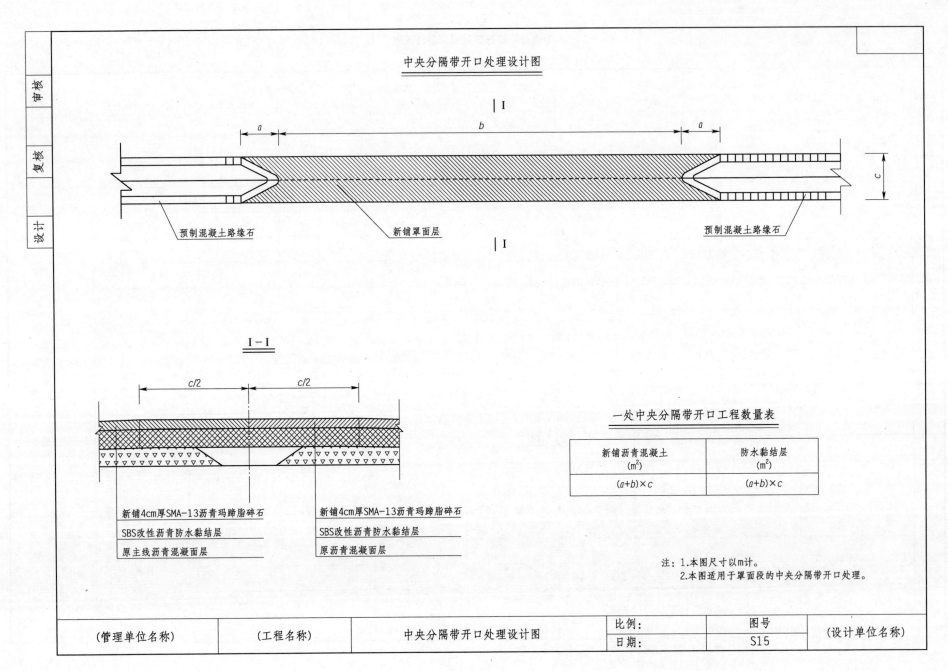

桥头跳车治理工程数量表

项目名称：　　S16

序号	桥涵/段落中心桩号	处理范围	孔径	最大沉陷深度	位置	处理长度	处理宽度	处理深度	铣刨旧路面	重新铺筑第一层	重新铺筑第二层	重新铺筑第三层	SBS改性沥青防水层	SBS改性乳化沥青黏层油	白色热溶标线	处治方案（图号）
			m	cm		m	m	cm	m^3	m^2	m^2	m^2	m^2	m^2	m^2	
				合计												

编制：　　复核：

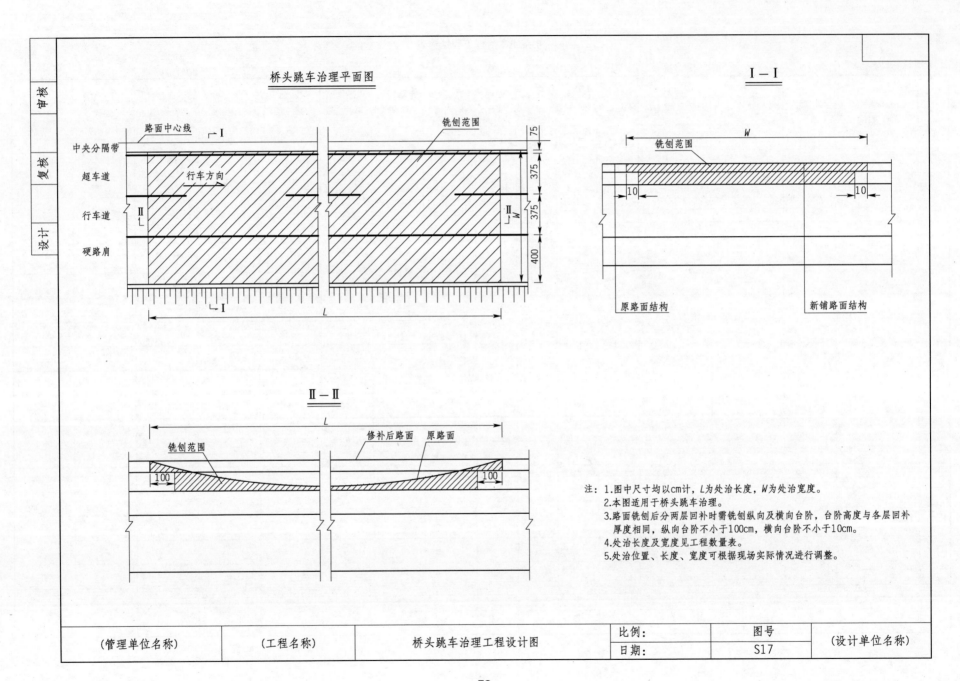

桥涵及交叉构造物

桥涵及交叉构造物

项目名称： 　　　第1页　共1页

序号	图纸名称	图号	页数	序号	图纸名称	图号	页数
1	桥涵及交叉构造物设计说明	S1	1	29			
2	病害分布示意图	S2	3	30			
3	上部结构加固设计	S3		31			
4	板底粘贴碳纤维板加固设计	S3-1	2	32			
5	板底粘贴钢板加固设计	S3-2	3	33			
6	…	…	…	34			
7	下部结构及基础加固设计	S4		35			
8	桥墩增设钢板加固设计	S4-1	3	36			
9	桩基防护加固设计	S4-2	3	37			
10	…	…	…	38			
11	附属结构加固设计	S5		39			
12	桥面铺装改造设计	S5-1	4	40			
13	伸缩缝更换设计	S5-2	3	41			
14	…	…	…	42			
15				43			
16				44			
17				45			
18				46			
19				47			
20				48			
21				49			
22				50			
23				51			
24				52			
25				53			
26				54			
27				55			
28				56			

| 工程名称： | S1 |

桥涵及交叉构造物设计说明

1. 工程概述

桥涵所在路段长度、建设标准、通车年份、交通量情况等；桥梁结构形式；目前存在的主要问题；方案批复执行情况。

2. 设计依据

现行规范、标准；方案批复文件；桥涵检测报告；项目相关设计文件、养护资料等。

3. 设计原则

根据病害情况，制定相应的设计原则。

4. 病害描述与原因分析

结合现场调查及桥梁检测情况，对桥梁实际病害进行详细描述，给出检测结论；对于特殊病害，应对近几年检测报告进行对比分析，分析病害发展趋势；桥梁典型病害照片；结合桥梁现状及检测报告对病害产生原因进行分析。

5. 养护设计方案

针对不同的桥梁病害形式及桥梁结构分析提出加固设计方案，包括上部结构加固方案、下部结构加固方案、附属结构加固方案。

6. 施工要点及施工注意事项

对施工流程及施工注意事项进行说明。对于动态设计项目，需对动态设计及监控方案进行说明。采用新技术、新工艺的项目，需对相关内容进行详细说明。

7. 材料性能及要求

材料性能及参数说明，采用新材料的项目，需对各项材料指标及验收标准进行详细说明。

8. 交通组织设计

根据项目具体情况，编制路段交通组织或路网交通组织设计图。

设计单位名称：

板底病害示意图

	第一孔	第二孔	第三孔
23号板	｜ ｜ ｜ ｜ ｜	｜ ｜ ｜	｜ ｜ ｜ ｜ ｜ ｜ ｜ ｜
22号板	｜ ｜ ｜ ｜ ｜ ｜ ｜ ｜		｜ ｜ ｜ ｜ ｜ ｜
21号板	｜ ｜ ｜ ｜ ｜ ｜ ｜ ｜ ｜ ｜ ｜		
20号板	｜ ｜	｜ ｜ ｜ ｜ ｜ ｜ ｜ ｜ ｜ ｜	｜ ｜ ｜ ｜ ｜ ｜ ｜
19号板	｜ ｜ ｜ ｜ ｜ ｜ ｜ ｜ ｜ ｜ ｜ ｜		
18号板			｜ ｜
17号板			｜ ｜ ｜ ｜
16号板	｜ ｜ ｜ ｜ ｜ ｜ ｜ ｜		｜ ｜ ｜ ｜ ｜ ｜ ｜ ｜
15号板	｜ ｜ ｜ ｜		｜ ｜ ｜ ｜ ｜ ｜
14号板		｜ ｜ ｜ ｜	｜ ｜ ｜ ｜ ｜ ｜ ｜
13号板	｜ ｜ ｜ ｜ ｜ ｜ ｜		
12号板	｜ ｜ ｜ ｜ ｜ ｜	｜ ｜ ｜ ｜ ｜ ｜	｜ ｜ ｜ ｜
11号板		｜ ｜ ｜ ｜ ｜	
10号板			｜ ｜ ｜ ｜ ｜ ｜ ｜ ｜
9号板			
8号板	｜ ｜ ｜ ｜ ｜ ｜ ｜ ｜ ｜ ｜ ｜ ｜	｜	｜ ｜ ｜ ｜ ｜ ｜ ｜ ｜ ｜ ｜
7号板			｜ ｜ ｜ ｜ ｜ ｜ ｜ ｜ ｜ ｜ ｜ ｜
6号板		｜ ｜ ｜ ｜	｜ ｜ ｜ ｜ ｜ ｜ ｜ ｜ ｜ ｜
5号板	｜ ｜ ｜ ｜ ｜ ｜ ｜ ｜ ｜ ｜ ｜ ｜ ｜ ｜	｜ ｜ ｜ ｜ ｜	｜ ｜ ｜ ｜ ｜ ｜ ｜ ｜ ｜
4号板	｜ ｜ ｜ ｜ ｜ ｜ ｜		｜ ｜ ｜ ｜ ｜ ｜ ｜ ｜
3号板		｜ ｜ ｜ ｜	｜ ｜ ｜ ｜
2号板	｜ ｜ ｜ ｜ ｜ ｜ ｜ ｜ ｜ ｜	｜ ｜ ｜ ｜ ｜	｜ ｜ ｜ ｜ ｜ ｜
1号板	｜ ｜ ｜ ｜ ｜ ｜ ｜	｜ ｜ ｜ ｜ ｜ ｜	｜ ｜ ｜ ｜ ｜ ｜

(管理单位名称)	(工程名称)	板底病害示意图	比例：	图号	(设计单位名称)
			日期：	S2	

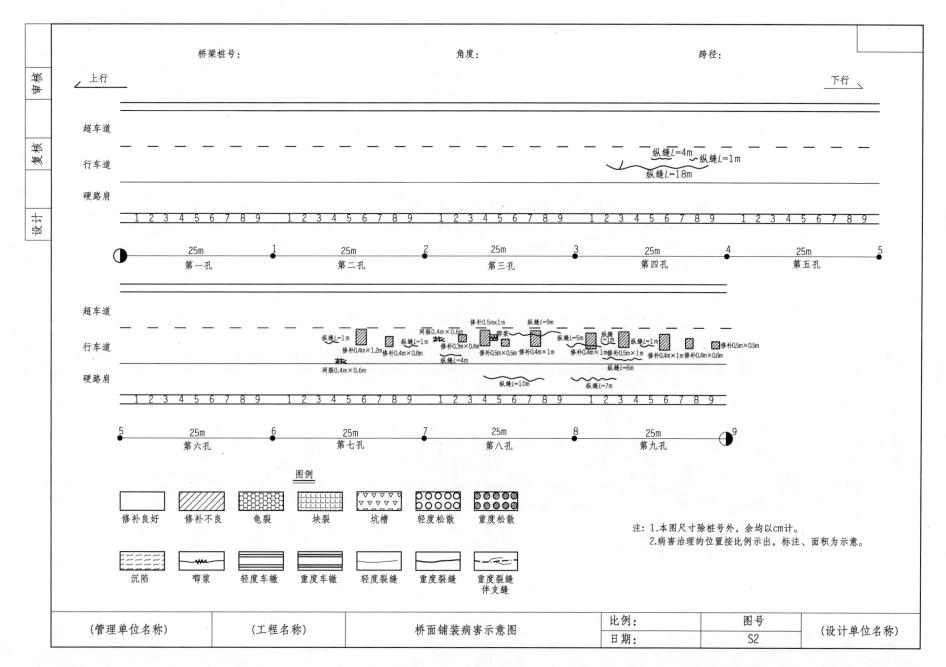

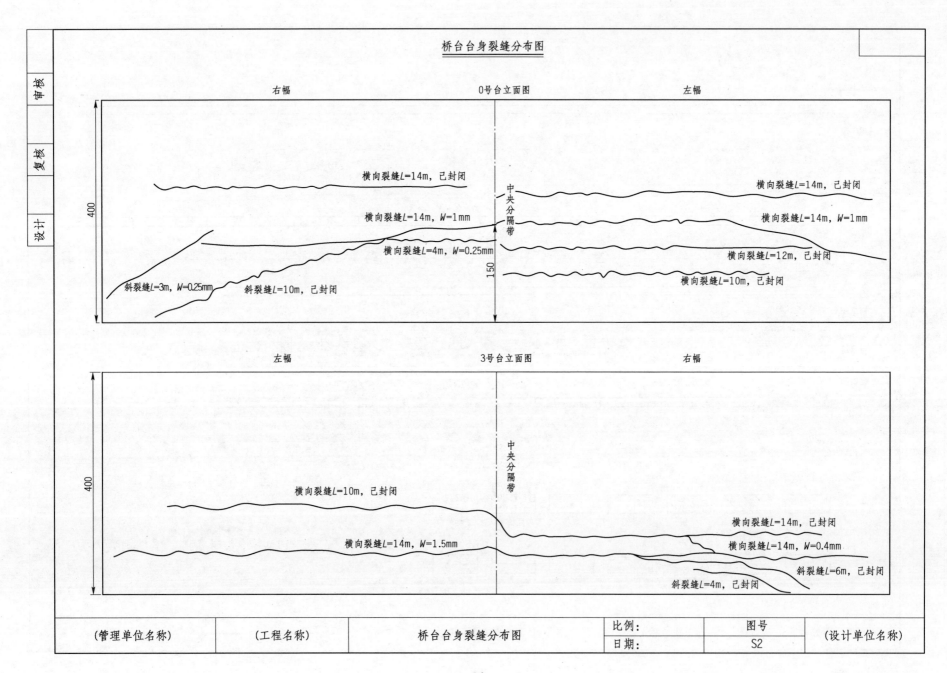

板底粘贴碳纤维板工程数量表

工程名称： S3-1

序号	桩号	孔数－孔径 孔－m	交角 （°）	上部结构类型	碳纤维板粘贴位置	聚氨酯面漆 m^2	碳纤维板材 m^2	碳纤维板材压条 m^2	碳纤维板材垫块 m^2	碳板结构胶 kg	裂缝灌浆 ($w \geq 0.15$mm) m	环氧浆液 ($w < 0.15$mm) m	凿除劣化混凝土 m^3	聚合物水泥砂浆修补 m^2
			合计											

编制： 复核：

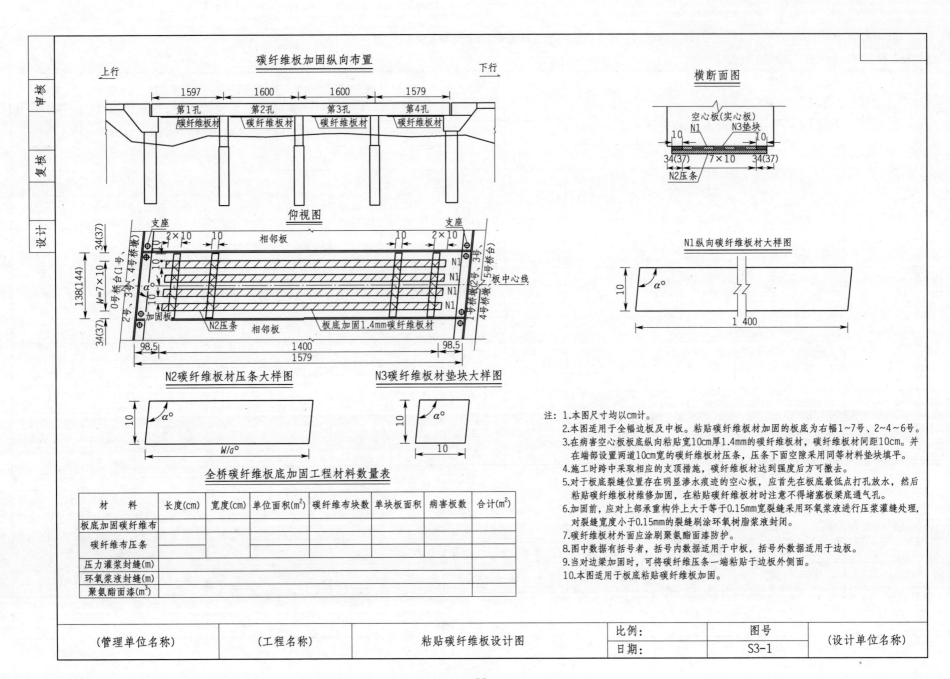

板底粘贴钢板工程数量表

工程名称： S3-2

序号	桩号	孔数-孔径 孔-m	交角 (°)	处理位置	Q235b 钢板 m²	M16 锚栓 m²	螺母 M-16 kg/个	垫圈 M-16 kg/个	无机富锌底漆 m²	环氧封闭漆 m²	环氧云铁中间漆 m²	φ16钢筋钻孔深度16cm 根	粘钢胶 m²	裂缝灌浆 ($w \geq 0.15mm$) m	环氧浆液灌缝 ($w < 0.15mm$) m	凿除劣化混凝土 m³	聚合物水泥砂浆修补 m²
			合计														

编制： 复核：

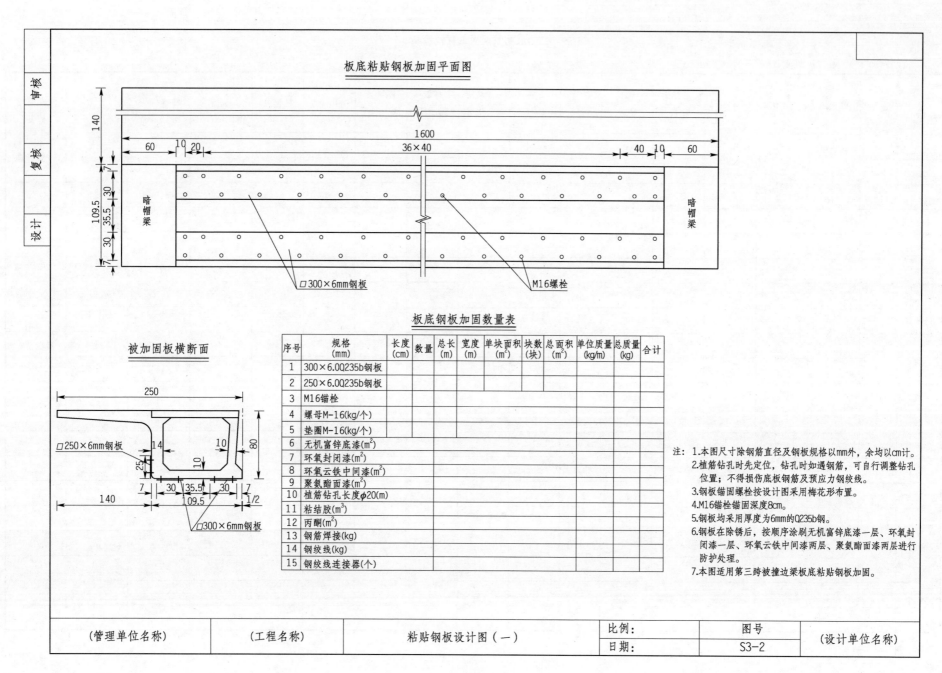

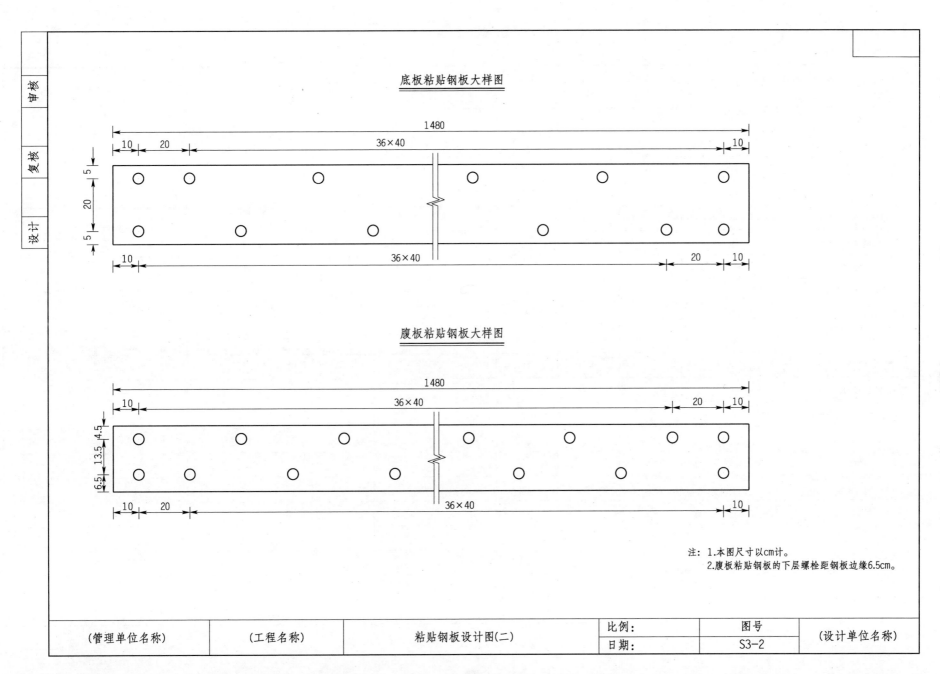

桥墩增设钢板工程数量表

工程名称： S4-1

工程项目	工程数量	单位	桥墩加固										合计	备注
处理位置														
HRB400钢筋	C12	kg												
	C22	kg												
	C12	kg												
Q235b钢板		kg												
环氧浆液		m												
裂缝灌浆		m												
D15植筋钻孔		m												
M16锚栓		套												
垫圈（M16）		套												
无机富锌底漆		m²												
环氧封闭漆		m²												
环氧云铁中间漆		m²												
聚氨酯面漆		m²												
清理弃方		m³												
凿除混凝土		m³												

编制： 复核：

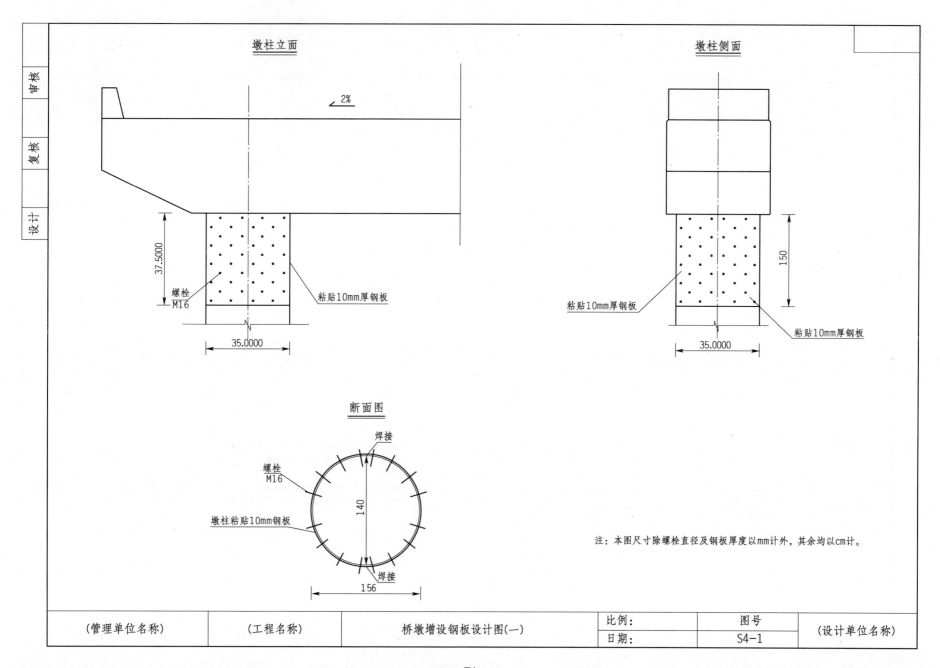

一个钢板展开大样

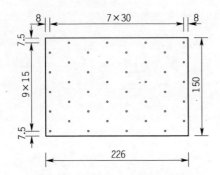

一个钢板大样

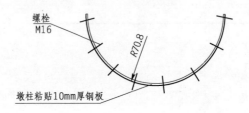

一个桥墩钢板加固数量表

序号	(mm)	长度(cm)	数量	宽度	总长(m)	单块面积(m²)	总面积(m²)	单位质量(kg/m)	总质量(kg)	合计
1	桥墩10.0厚钢板									
2	M16锚栓									
3	螺母M-16									
4	垫圈M16									
5	植筋钻孔长度(m)									
6	无机富新底漆(m²)									
7	环氧封闭漆(m²)									
8	环氧云铁中间漆(m²)									
9	聚氨酯面漆(m²)									
10	聚合物水泥砂浆(m³)									

注：1.本图尺寸除螺栓直径及钢板厚度以mm计外，其余均以cm计。
2.凿除墩柱表面损伤混凝土，用聚合物水泥砂浆抹平，恢复至原尺寸后再粘贴钢板。
3.施工前应先探明原结构钢筋位置，钻孔应避开原有结构主筋，若钻孔与主筋冲突可以根据实际情况调整钻孔位置不得损伤钢筋。
4.锚栓植入深度为10cm。
5.钢板采用Q235b钢。
6.钢板加工应按桥墩精确实际测量长度并考虑拐角或圆弧倒角处的弯折，钢板顶端与盖梁底对齐。
7.钢板粘贴牢固后，将外露的丝钢螺栓、螺母等切割掉并铆焊、打磨平整。
8.两个钢板之间的焊接采用单面角焊缝，焊缝尺寸8mm,焊接时注意焊缝要饱满，钢板粘贴采用压力灌胶法。
9.钢板在除锈后，按顺序涂刷无机富新底漆1层、环氧封闭漆1层、环氧云铁中间漆2层、聚氨酯面漆2层进行防护处理。

(管理单位名称)	(工程名称)	桥墩增设钢板设计图(二)	比例：	图号	(设计单位名称)
			日期：	S4-1	

桩基防护工程数量表

工程名称：

S4-2

序号	中心桩号	桥梁名称	孔数-孔径 孔-m	防护位置	处理桩根数	护裙高度 m	工程数量					
							HRB400 kg	HPB300 kg	C30水下混凝土 m³	凿毛混凝土 m²	石笼防护面积 m²	石块方量 m³	挖基土方 m³
			合计										

编制：　　　　　　　　　　　　　　　　　　　　　　　　　　　　　　　　　　　　复核：

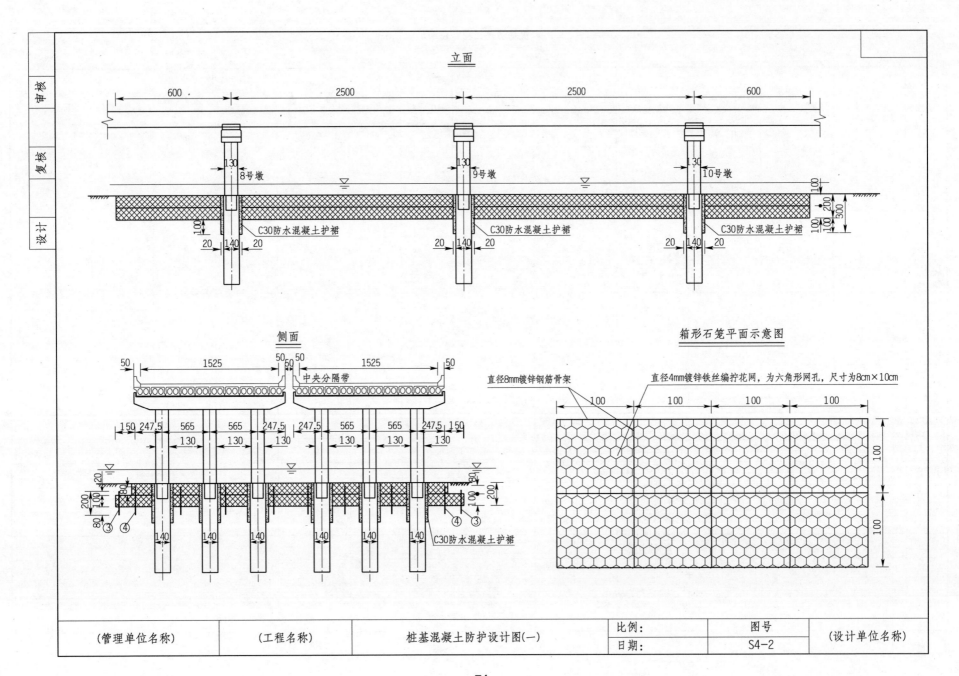

桩基护裙示意图

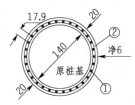

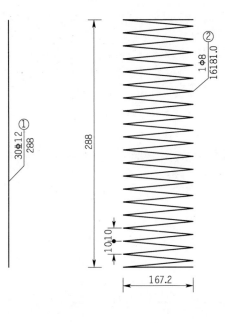

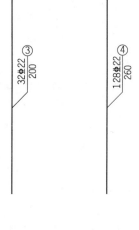

桥墩及桩基防护工程量

编号	直径(mm)	每根长(cm)	根数	共长(m)	单位质量(kg/m)	单件质量(kg)	总重(kg)
1	Φ12	288.0	540	1555.20	0.888	1381.0	1381.0
2	Φ8	16181.0	18	2912.58	0.395	1150.5	1150.5
3	Φ22	200.0	32	64.00	2.980	190.7	1182.5
4	Φ22	260.0	128	332.80	2.980	997.7	
C30防水混凝土(m³)							54.3
石笼防护面积(m²)							2250.6
石块方量(m³)							4705.8

注：1.本图尺寸均以cm计。
2.石笼的下面填碎石、砾石、卵石垫平，相邻铁丝笼应用铁丝连结成整体。
3.石笼内所填石块，应选用容重大、浸水不崩解、坚硬未风化的石块，尺寸不能小于石笼的网孔。外层应用大石块，并使石块棱角突出网孔，以起保护铁丝网的作用。内层可以用较小石块充填。
4.Φ22mm钢筋为锚固钢筋，纵桥向、横桥向均为每4m设一根。

桩基混凝土防护设计图(二) 图号 S4-2

桥面铺装病害治理工程数量表

工程名称：

S5-1

序号	桩号	桥梁名称	跨径	交角(°)	处理位置	处理长度	处理宽度	桥面铺装													
								4cm厚AC-13C改性沥青混凝土	SBS改性沥青防水层（撒布量1.5kg/m²）	5cm厚AC-16C改性沥青混凝土	SBS改性沥青防水层（撒布量2kg/m²）	C40高性能微膨胀防水混凝土	铣刨沥青混凝土	凿除沥青混凝土	凿除防水混凝土	HRB400钢筋	聚丙烯纤维	植筋钻孔长度(D15)	防水混凝土凿毛	新铺防水混凝土精铣刨1cm	改性沥青刷涂坑槽壁	标线
						m	m	m²	m²	m²	m²	m³	m³	m³	m³	kg	kg	m	m²	m²	m²	m²
			合计																			

编制：   复核：

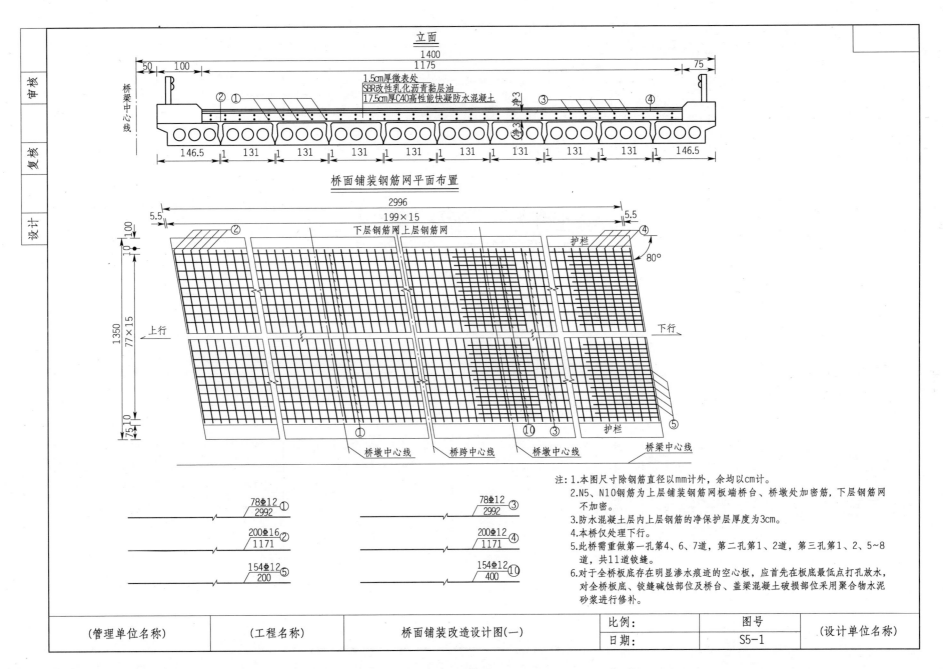

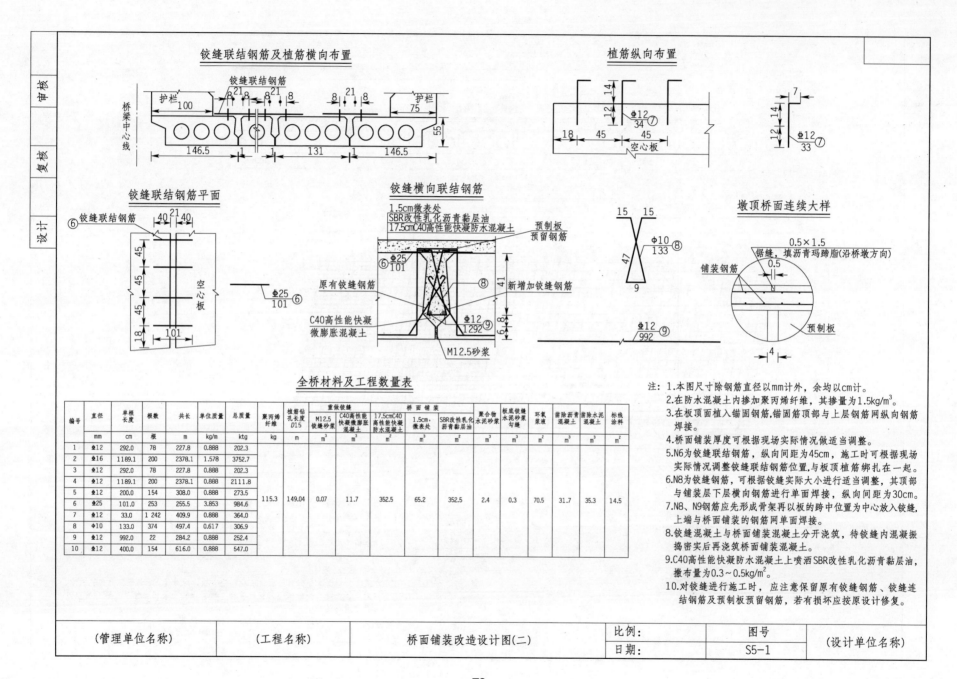

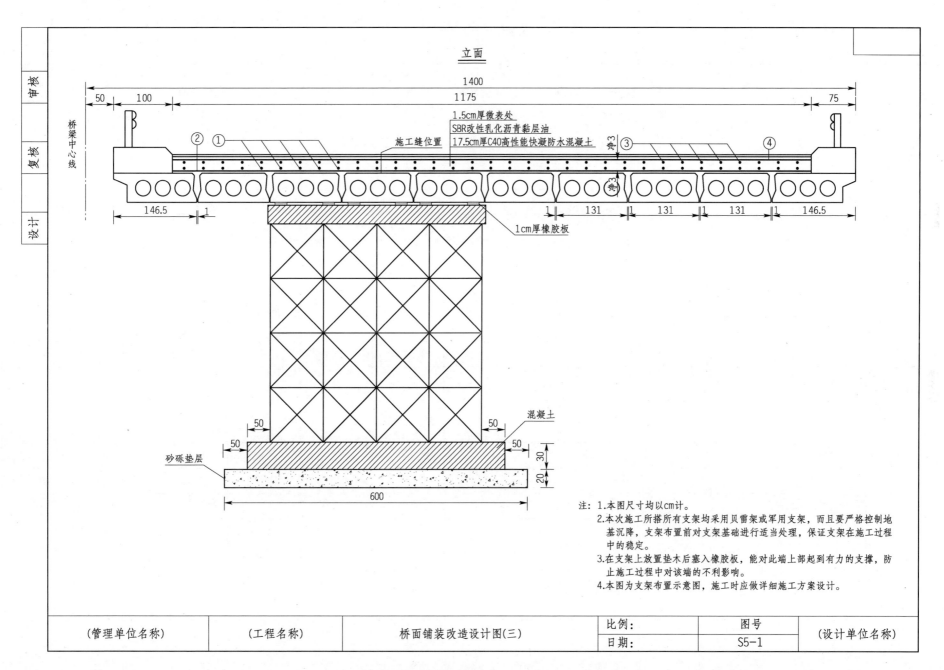

桥面铺装改造设计图(三) S5-1

更换伸缩缝工程数量表

工程名称： S5-2

序号	桩号	桥名	孔数－孔径	交角	处理位置	更换伸缩装置道数	⌀20 钢筋	⌀16 钢筋	C50高性能快凝防水混凝土	聚丙烯纤维	植筋钻孔长度	凿除钢筋混凝土	拆除伸缩装置	安装伸缩装置
			孔－m	(°)			kg	kg	m³	kg	m	m³	m	m
		合计												

编制： 复核：

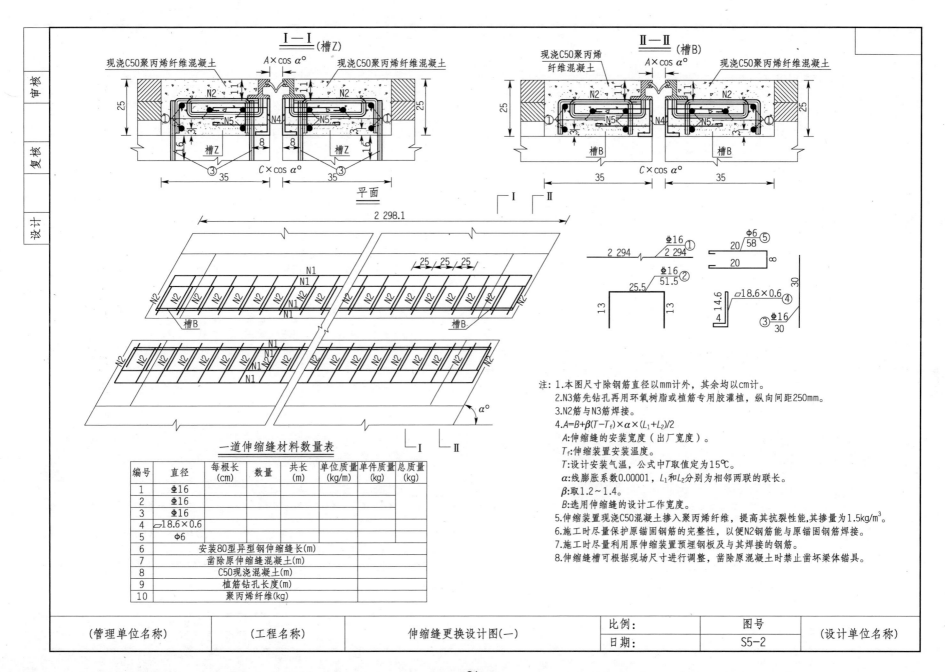

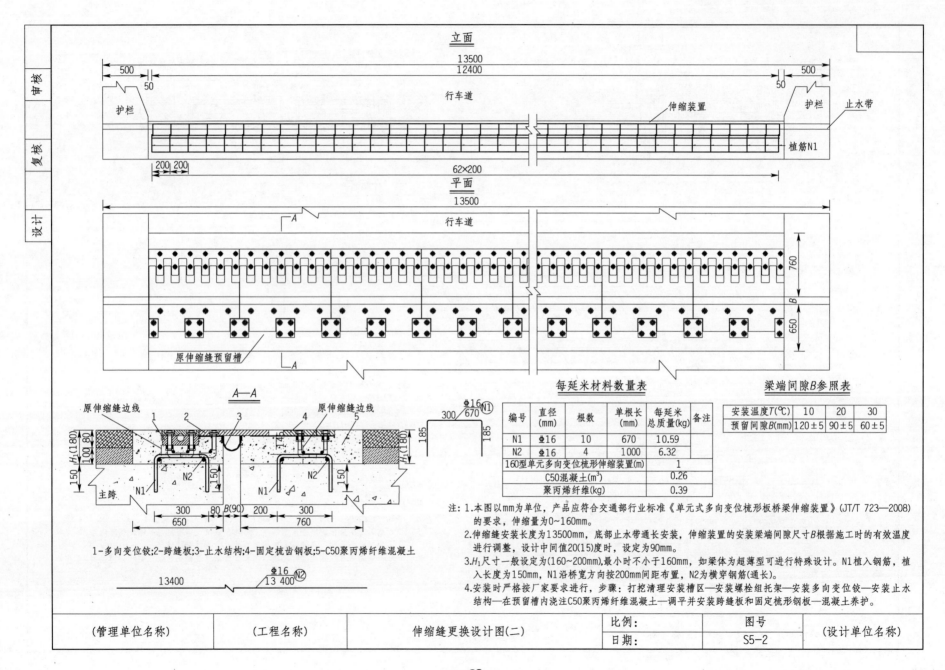

隧道（土建）

隧道(土建)

项目名称：

第1页 共1页

序号	图 纸 名 称	图 号	页 数	序号	图 纸 名 称	图 号	页 数
1	隧道(土建)设计说明	S1	1	29			
2	隧道加固平面示意图	S2	1	30			
3	隧道加固工程数量表	S3-1	1	31			
4	隧道内轮廓及建筑限界断面图	S3-2	1	32			
5	隧道病害分布示意图	S3-3	1	33			
6	隧道加固大样图	S3-4	1	34			
7	二次衬砌修补设计图	S3-5	1	35			
8	钢板加固设计图	S3-6	1	36			
9	隧道内部装饰设计图	S3-7	1	37			
10	隧道路面改造工程数量表	S3-8	1	38			
11	隧道路面罩面示意图	S3-9	1	39			
12	隧道标线设计图	S3-10	1	40			
13	…	…	…	41			
14				42			
15				43			
16				44			
17				45			
18				46			
19				47			
20				48			
21				49			
22				50			
23				51			
24				52			
25				53			
26				54			
27				55			
28				56			

隧道(土建)设计说明

1. 概述

隧道所在路段长度、建设标准、通车年份、交通量情况等;隧道结构形式、长度;目前存在的主要问题;方案批复执行情况。

2. 设计依据

现行规范、标准;方案批复文件;隧道检测报告;项目相关设计文件、养护资料等。

3. 设计原则

根据病害情况,制定相应的设计原则。

4. 病害成因

根据隧道病害调查、检测、评定结果,结合现场实际情况,详述病害现状,分析病害产生原因,列出典型病害照片。

5. 养护设计方案说明

针对不同的隧道病害形式及隧道结构分析提出加固设计方案,包括洞门加固、洞口病害治理、衬砌修补或加固、渗漏水治理、冻害治理、排水系统改造、隧道内路面维修改造、隧道内交安设施改造提升、电缆沟及内饰修复等工程内容。

6. 施工要点及施工注意事项

对施工流程及施工注意事项进行说明。对于动态设计项目,需对动态设计及监控方案进行说明。采用新技术、新工艺的项目,需对相关内容进行详细说明。

7. 材料性能及要求

材料性能及参数说明。对于隧道内路面改造应对路面材料、混合料、级配组成等提出设计指标及设计参数。采用新材料的项目,各项材料指标及验收标准进行详细说明。

8. 交通组织设计

根据项目具体情况,编制路段交通组织或路网交通组织设计说明。

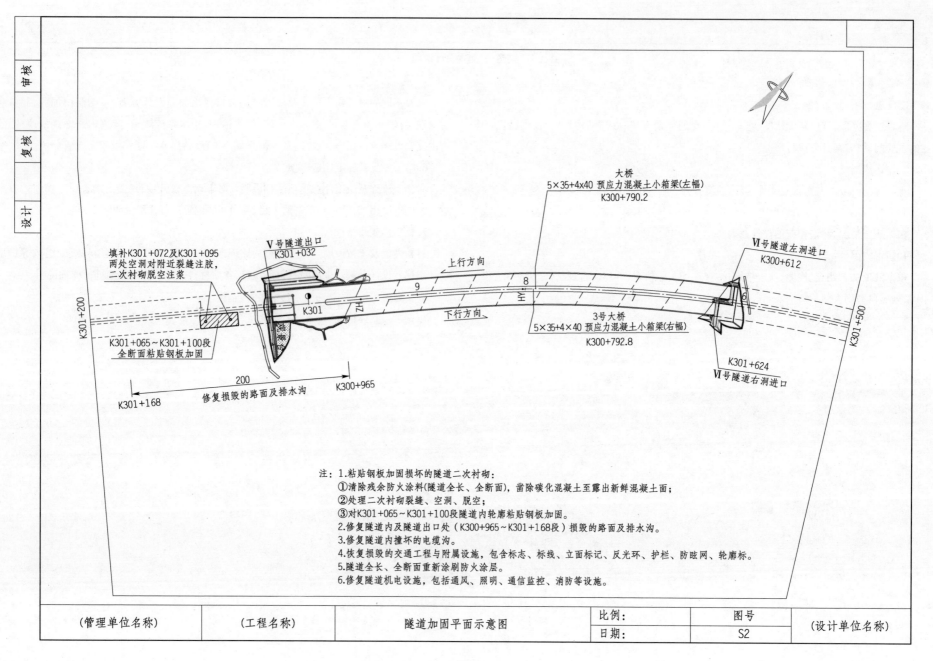

隧道加固工程数量表

项目名称：

S3-1

序号	桩号	长度	方向	工程项目	钢板间距	工程数量													备注
						凿除混凝土	聚合物砂浆	A20钻孔植筋	HRB400钢筋	裂缝注胶	水泥砂浆（注浆）	Q235b钢板（8mm）	A16锚栓/螺杆	M16螺母	M16垫圈	钢板粘贴胶（压力注胶）	钢板防腐处理（6层）	拆除圬工	M10浆砌片石	
		m			cm	m³	m³	m	kg	m	m³	kg	kg	kg	kg	m³	m²	m³	m³	
		合计																		

编制：　　复核：

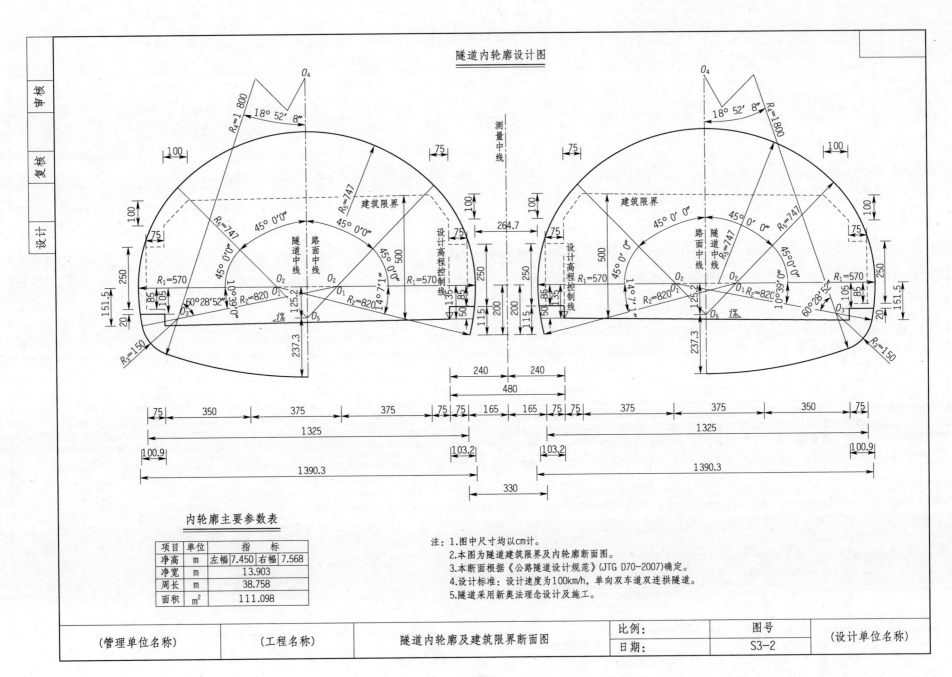

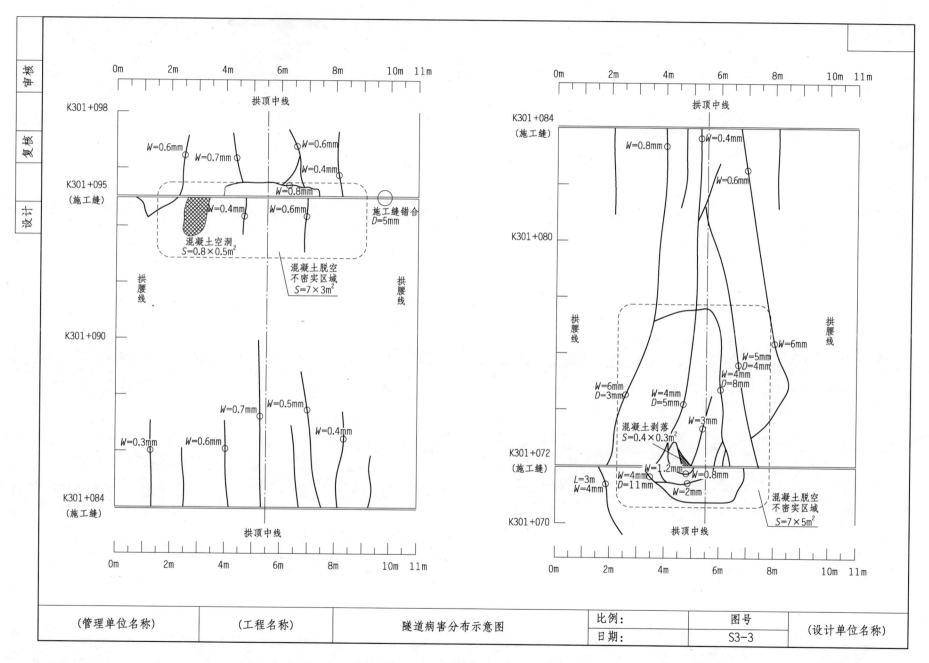

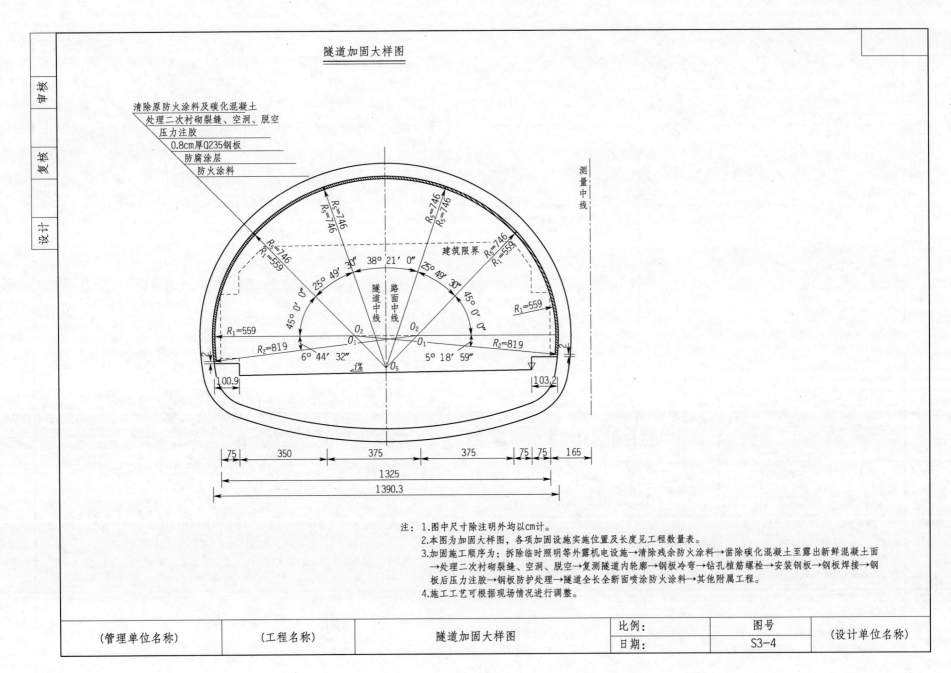

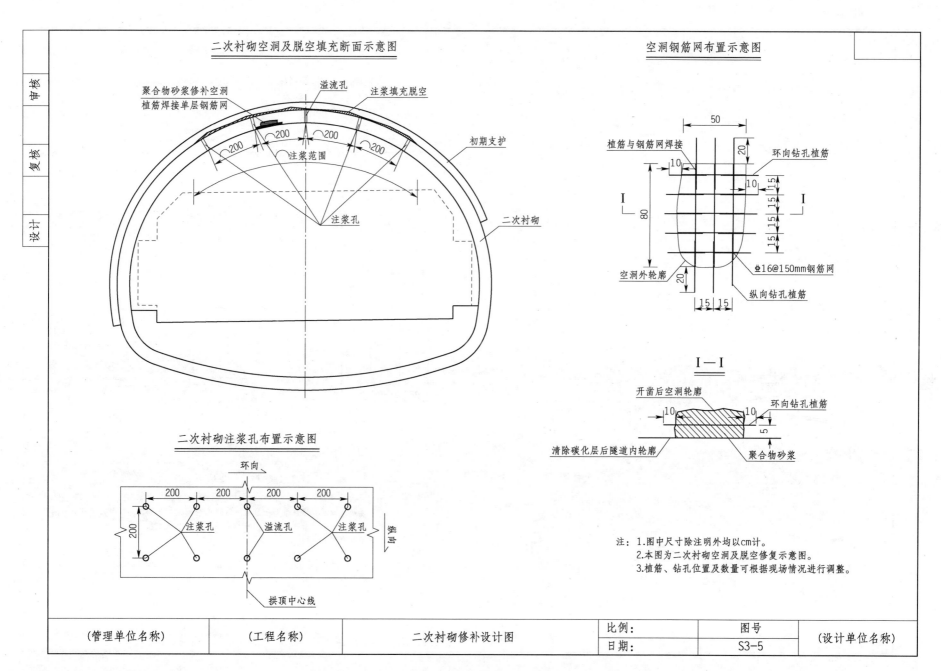

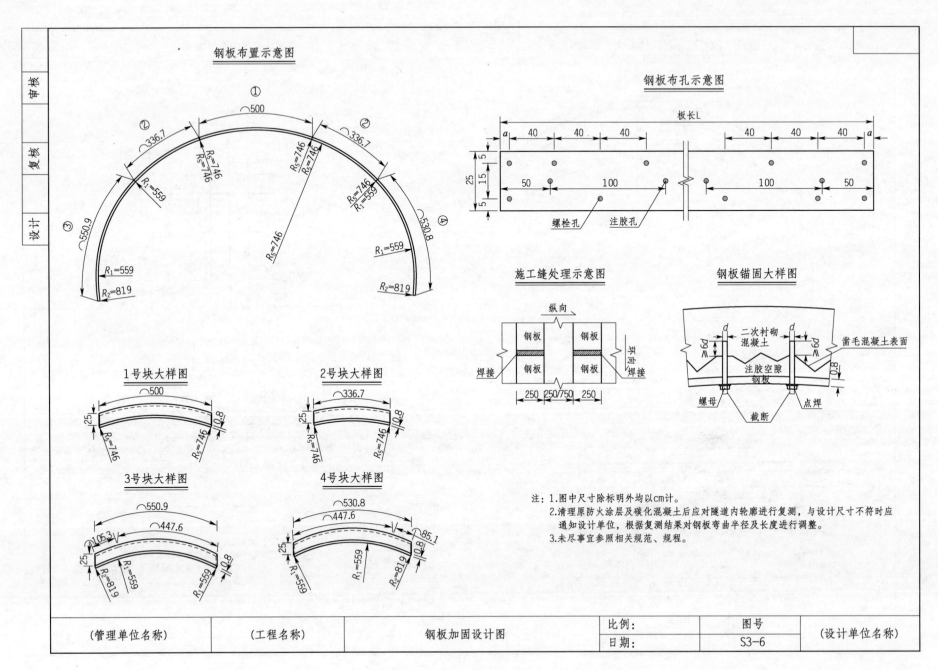

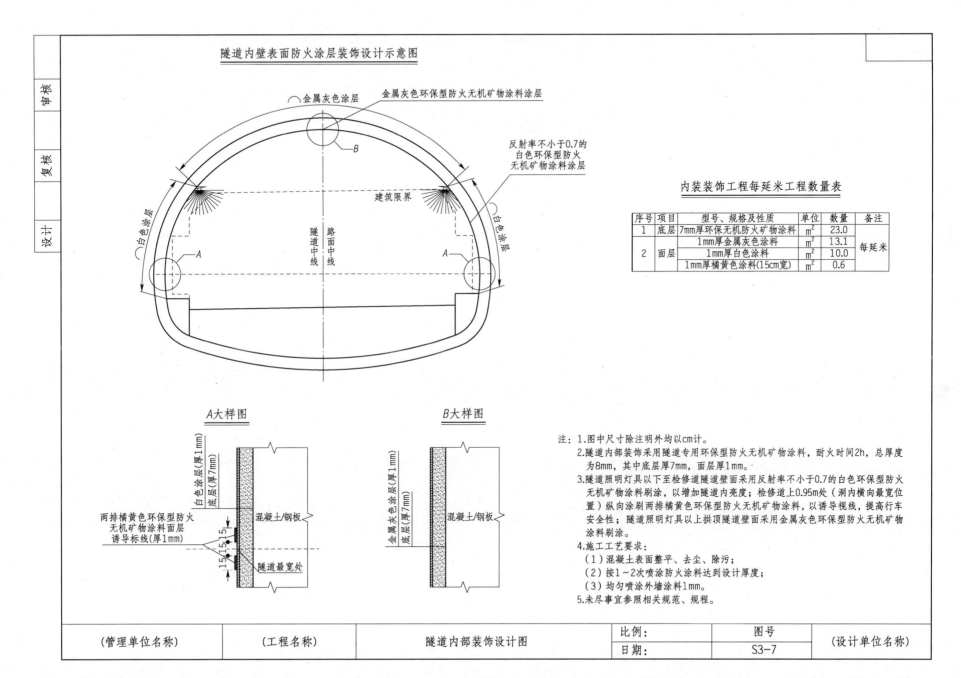

隧道路面改造工程数量表

项目名称： S3-8

序号	隧道起止桩号	位置	隧道长度	铺筑宽度	工程数量											备注
					隧道外水泥路面长度	出口路面宽度	衔接部位铣刨	原水泥混凝土路面拉毛	新铺4cm厚SMA-16改性阻燃式沥青混凝土	SBS黏结防水层	新铺6cm厚AC-20C复合改性橡胶沥青混凝土	SBS改性乳化沥青黏层油	凿除26cm厚水泥混凝土路面	新铺C20水泥混凝土基层	原路面病害治理	封缝	
			m	m	m	m	m²	m²	m²	m²	m²	m²	m³	m²	m	
合计																	

编制： 复核：

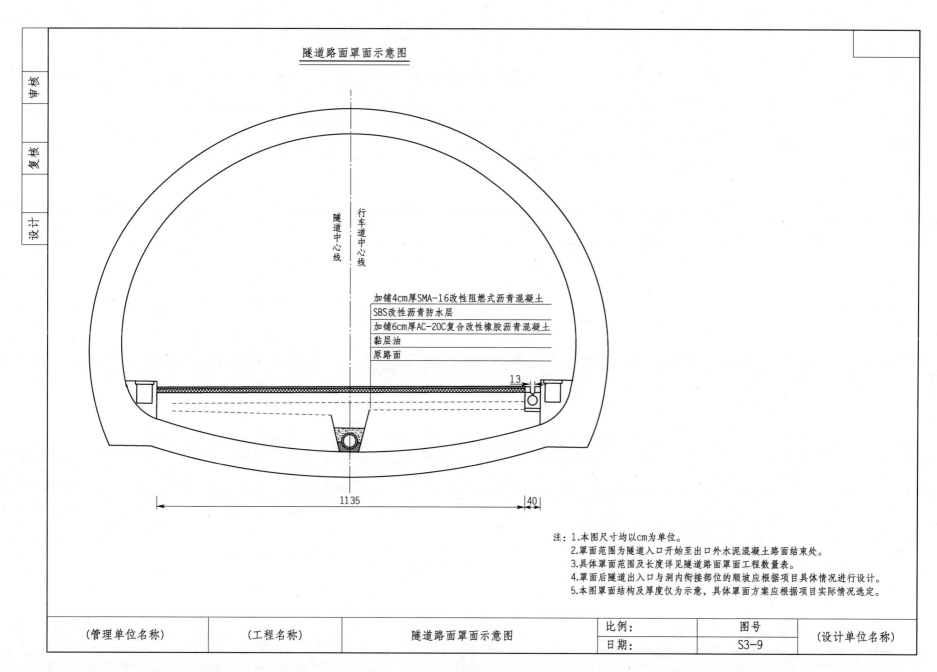

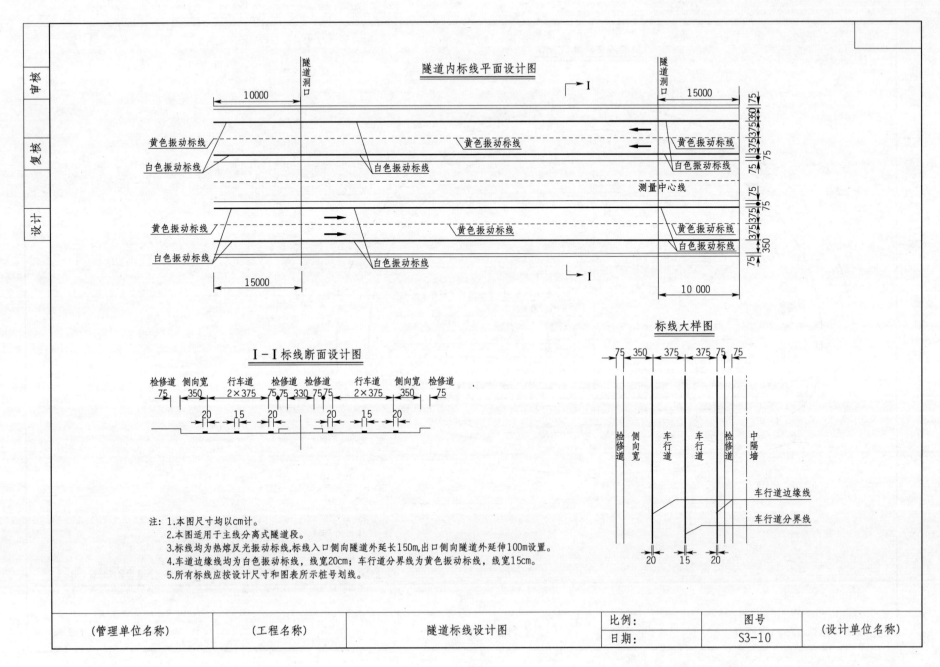

交通安全设施

交通安全设施

项目名称： 第1页 共1页

序号	图纸名称	图号	备注	序号	图纸名称	图号	备注
1	交通安全设施设计说明	S1	1	29	隔离栅一般构造图	S7-3	1
2	交通安全设施工程数量汇总表	S2	1	30	防落物网更换设计图	S8	
3	标志更新改造设计	S3		31	防落物网改造工程数量表	S8-1	1
4	交通标志更换工程数量汇总表	S3-1	1	32	防落物网设置一览表	S8-2	1
5	标志材料数量汇总表	S3-2	1	33	防落物网一般构造图	S8-3	1
6	互通标志布设图	S3-3	1	34	增设限高门架设计图	S9	
7	标志版面布置图	S3-4	1	35	增设限高门架材料数量汇总表	S9-1	1
8	标志一般构造图	S3-5	2	36	增设限高门架设置一览表	S9-2	1
9	标线更新改造设计	S4		37	限高门架安装位置示意图	S9-3	1
10	标线设置一览表	S4-1	1	38	限高门架一般构造图	S9-4	1
11	主线标准段标线布设图	S4-2	1	39			
12	互通连接部标线设计图	S4-3	1	40			
13	振动标线大样图	S4-4	1	41			
14	出口标线布设图	S4-5	1	42			
15	入口标线布设图	S4-6	1	43			
16	收费站广场标线布设图	S4-7	1	44			
17	护栏更新改造设计	S5		45			
18	护栏更新改造材料数量汇总表	S5-1	1	46			
19	护栏改造一览表	S5-2	1	47			
20	路侧波形梁护栏改造设计图	S5-3	1	48			
21	中央分隔带波形梁护栏改造设计图	S5-4	2	49			
22	防眩设施更新改造设计	S6		50			
23	防眩设施更新改造材料数量汇总表	S6-1	1	51			
24	防眩设施设置一览表	S6-2	1	52			
25	防眩设施一般构造图	S6-3	1	53			
26	隔离栅更新改造设计图	S7		54			
27	隔离栅更新改造材料数量汇总表	S7-1	1	55			
28	隔离栅设置一览表	S7-2	1	56			

交通安全设施设计说明

1. 工程概述

项目所在路段长度、建设标准、通车年份、交通量情况等;项目目前存在的主要问题;方案批复执行情况。

2. 设计依据

现行规范、标准;方案批复文件;项目相关设计文件、养护资料等。

3. 现状病害描述与原因分析

结合现场实际情况,分析各类安全设施是否达到设计年限,分析病害产生原因,列出典型病害照片。

4. 更新改造设计方案

设计方案应明确各类安全设施的设置形式及设置原则,包括标志更新改造,标线更新改造,护栏更新改造,防眩设施更换,隔离栅更新改造,防落物网更换,增设限高门架等工程内容。

5. 施工要点及施工注意事项

对施工流程及施工注意事项进行说明。采用新技术、新工艺的项目,需对相关内容进行详细说明。

6. 材料性能及要求

材料性能及参数说明。采用新材料的项目,需对各项材料指标及验收标准进行详细说明。

7. 交通组织设计

根据项目具体情况,编制路段交通组织或路网交通组织设计说明。

交通安全设施工程数量汇总表

项目名称：

S2

名称	规格、型号/单位					
主线路侧护栏	Gr-A-4E(m)	Gr-A-2E(m)	Gr-A-2B2(m)	拆除路侧钢护栏(m)	…	合计(m)
主线中央护栏	Gr-SBm-2E(m)	Gr-SBm-1B2(m)	拆除单柱双波护栏(m)	拆除构造物护栏(m)	…	合计(m)
匝道护栏	Gr-A-4E(m)	Gr-A-2E(m)	Gr-A-DT(个)	防撞桶(个)	…	合计(m)
	Grd-Am-2E(m)	拆除钢护栏(m)	…			合计(m)
轮廓标	柱帽式轮廓标(个)	柱式轮廓标(个)	反光膜(个)	拆除轮廓标(个)	…	合计(个)
防眩设施	一字支撑(m)	几字支撑(m)	柱式支撑(m)	拆除防眩网(m)	…	合计(m)
标线	普通标线合计(m²)	振动标线合计(m²)	彩色标线(m²)	立面标记(m²)	…	合计(m²)
标志牌	拆除门架式标志板(块)	新增门架式标志板(块)	百米牌(个)	…		合计(块/个)
隔离栅	刺铁丝隔离栅(m)	焊接网隔离栅(m)	…			合计(m)
其他	开口活动护栏(m)	…				合计(m)

编制：　　　　　　　　　　　　　　　　　　　　　　　　　　　　　　　　　　　　　　复核：

交通标志更换工程数量汇总表

项目名称： S3-1

类型	更 换 方 案	规格(mm)	数量(块)	备 注	类型	更 换 方 案	规格(mm)	数量(块)	备 注

编制：　　　复核：

标志材料数量汇总表

项目名称： S3-2

更换方案	类型	板面尺寸	标志数量	版面面积		每块板面重量		板面合计		每组立柱重量		立柱合计		每组基础		基础合计	
				单板面积	总面积	板面	附件	板面	附件	立柱	附件	立柱	附件	C25混凝土	钢筋	C25混凝土	钢筋
		mm	块	m²		kg		kg		kg		kg		m³	kg	m³	kg

编制： 复核：

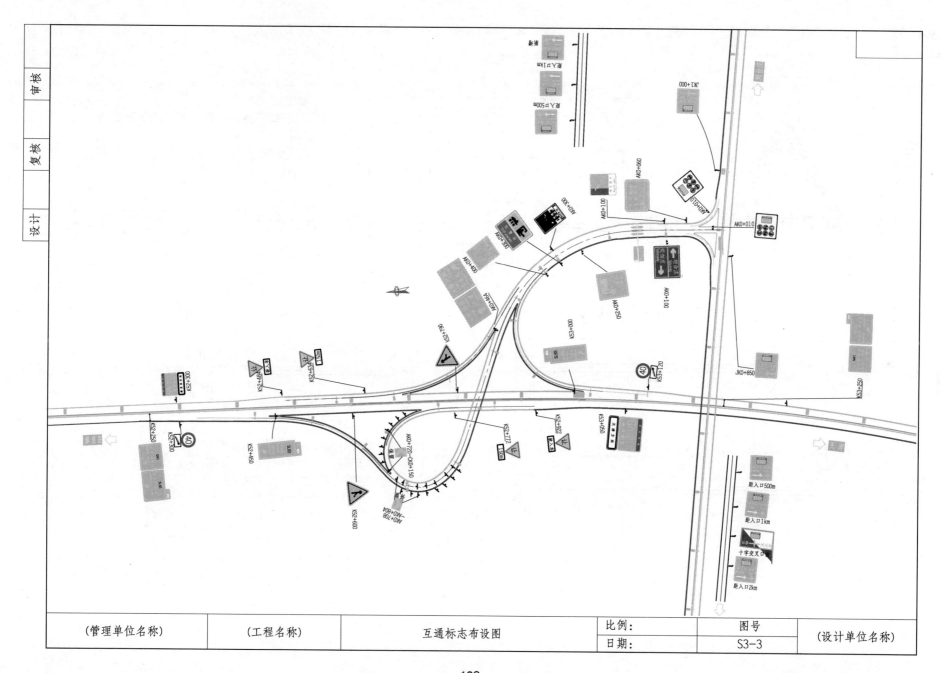

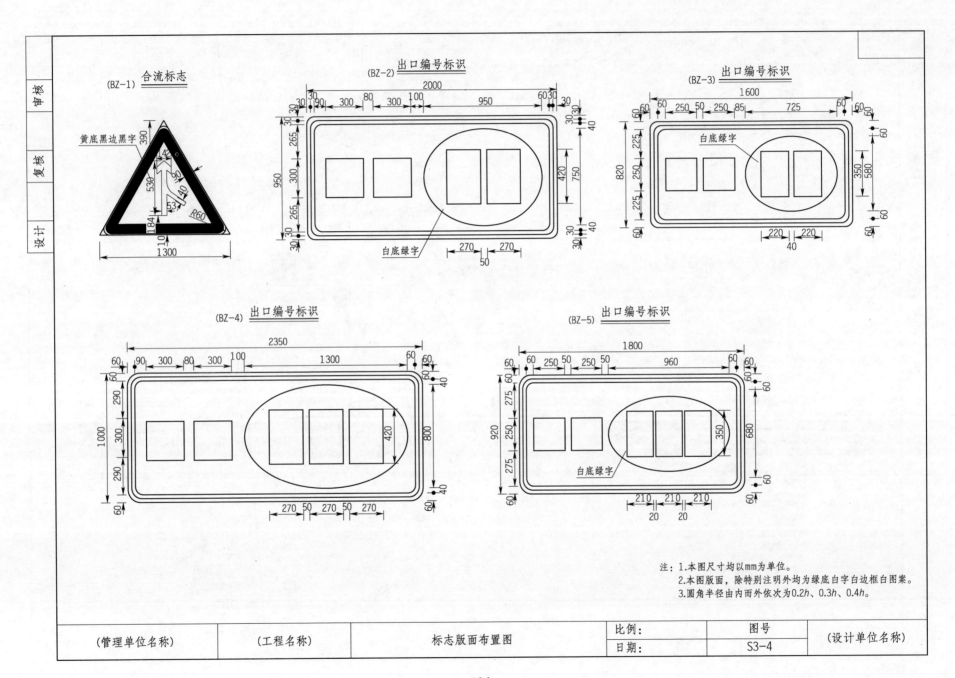

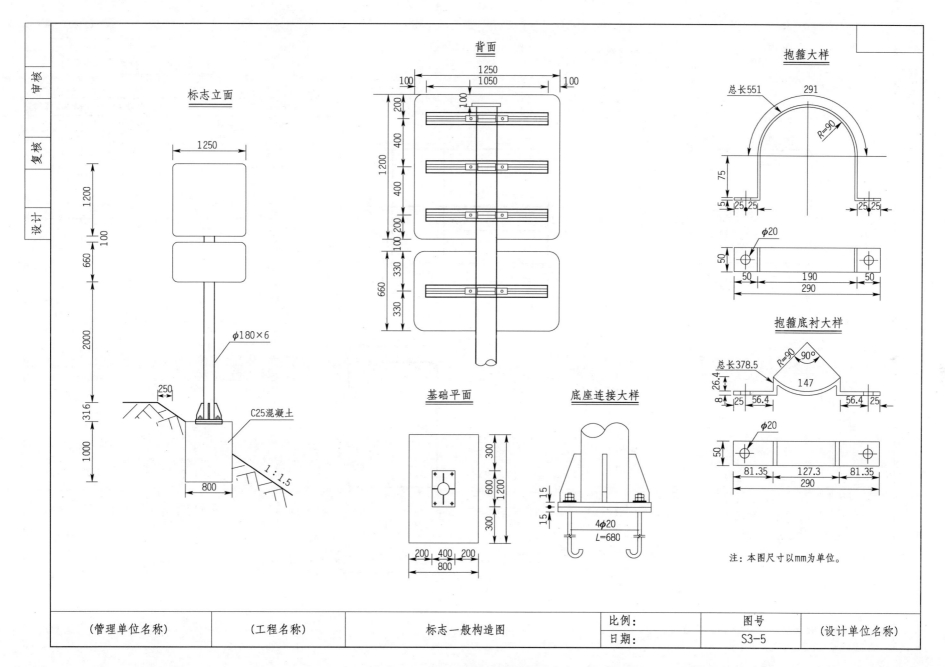

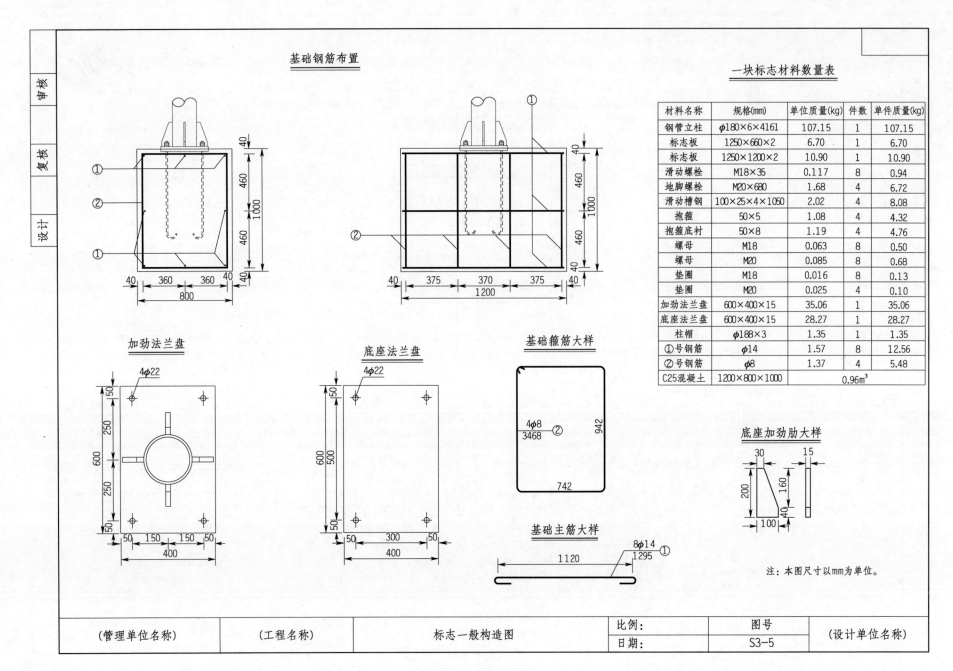

标线设置一览表

项目名称： S4-1

起讫桩号	标线宽度	主线					隧道口、服务区、停车区、紧急停车带				导向箭头	路面文字	减速标线	减速振动标线	立面标记	
		实线		振动标线	虚线		斑马线	停车位	宽虚线	防滑标线					油漆	反光膜
		长度	数量	数量	长度	数量	数量	数量	数量	数量	数量	数量	数量	数量	数量	数量
	cm	m	m²	m²	m	m²	m²	m²	m²	m²	m²	m²	m²	m²	m²	m²

编制： 复核：

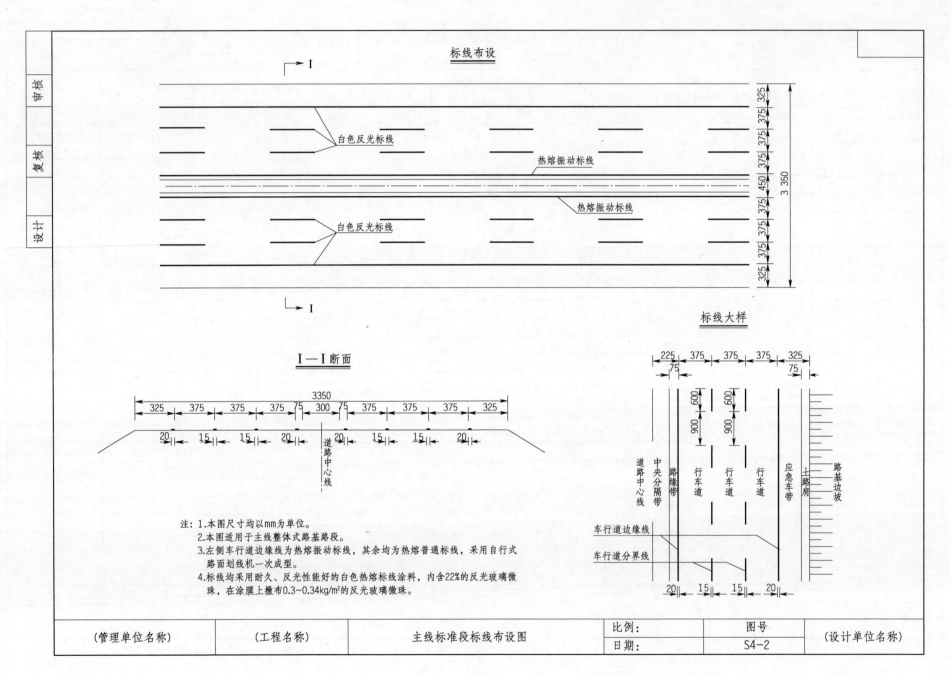

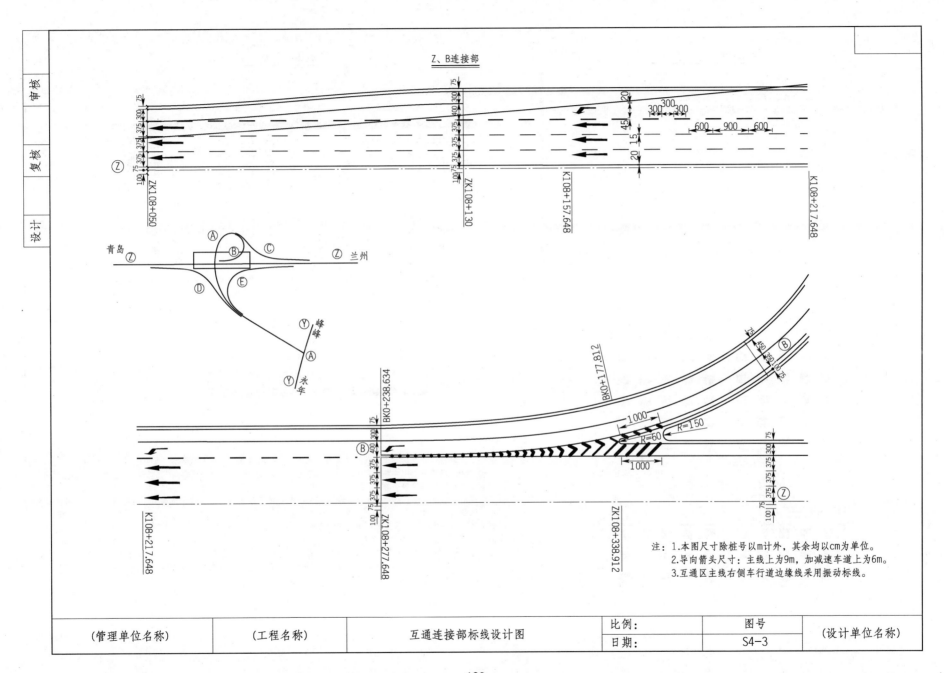

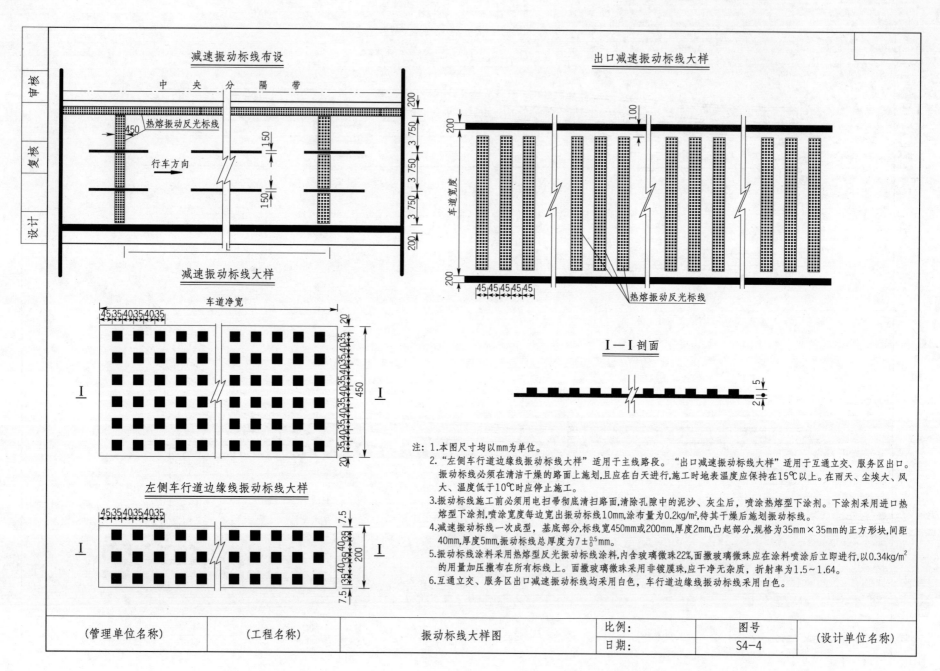

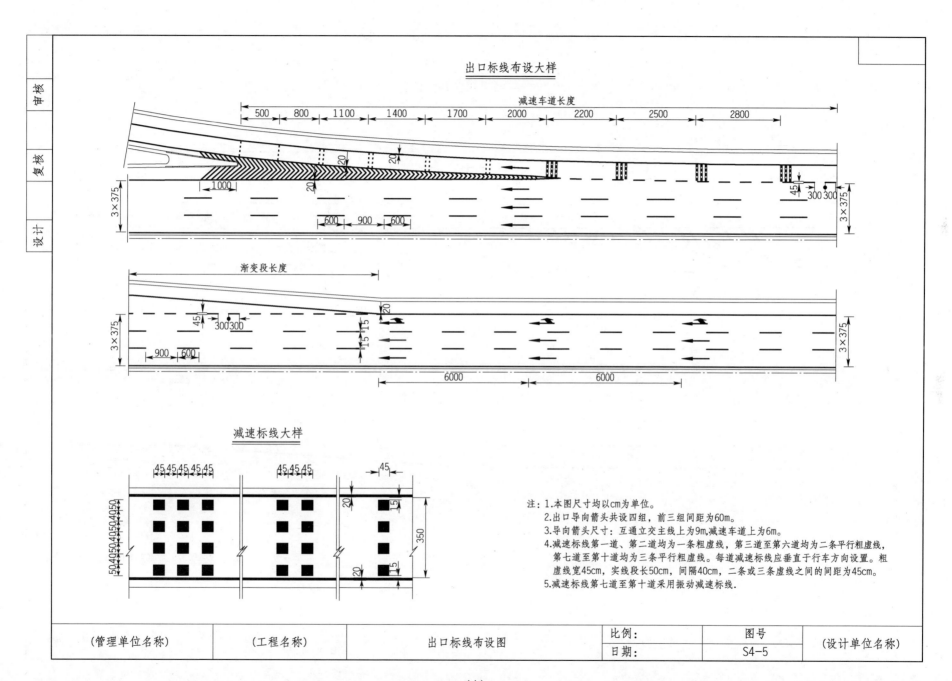

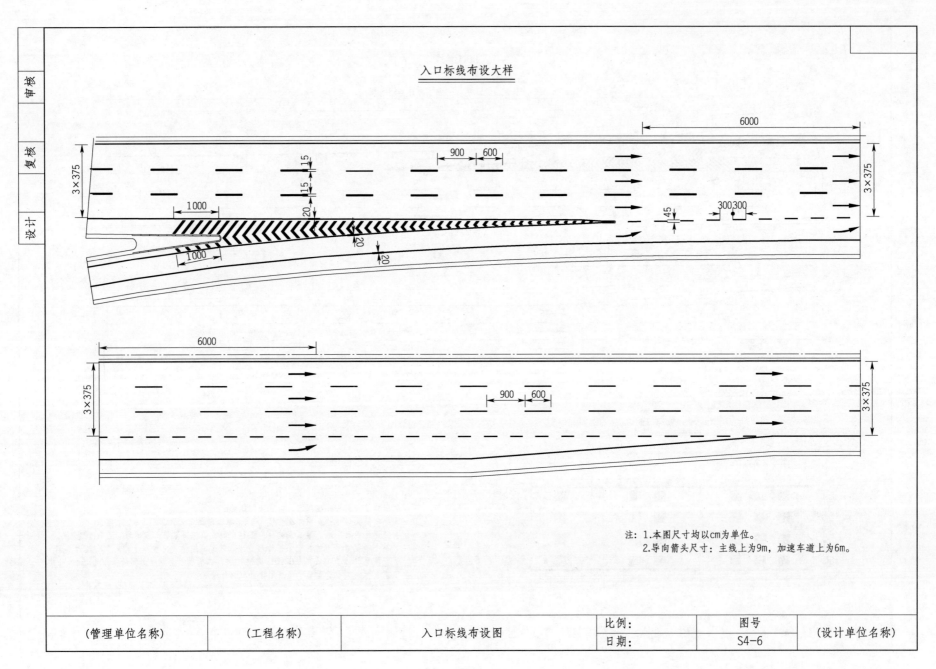

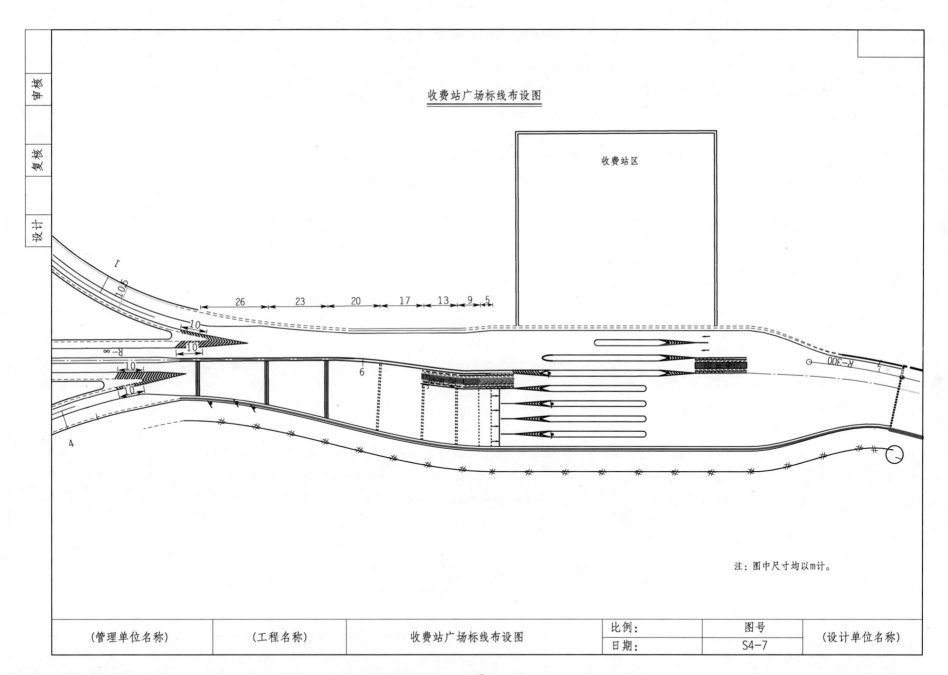

护栏更新改造材料数量汇总表

项目名称：　　S5-1

序　号	构件名称	规　格	单件质量 kg	数　量 个	质　量 kg	备　注

编制：　　　　　　　　　　　　　　　　　　　　　　　　　　　　　　　　　　　复核：

护栏改造一览表

项目名称： S5-2

起讫桩号	代号	长度(m)										端头	备注
		填土路基或挖土方段				填石路基或挖石方段		桥涵段					
		A级普通段	A级加强段	SB级	SA级	A级普通段	A级加强段	A级无填方	A级低填方	SB级	SA级		
本侧小计													

×× →×× (左侧)

编制： 复核：

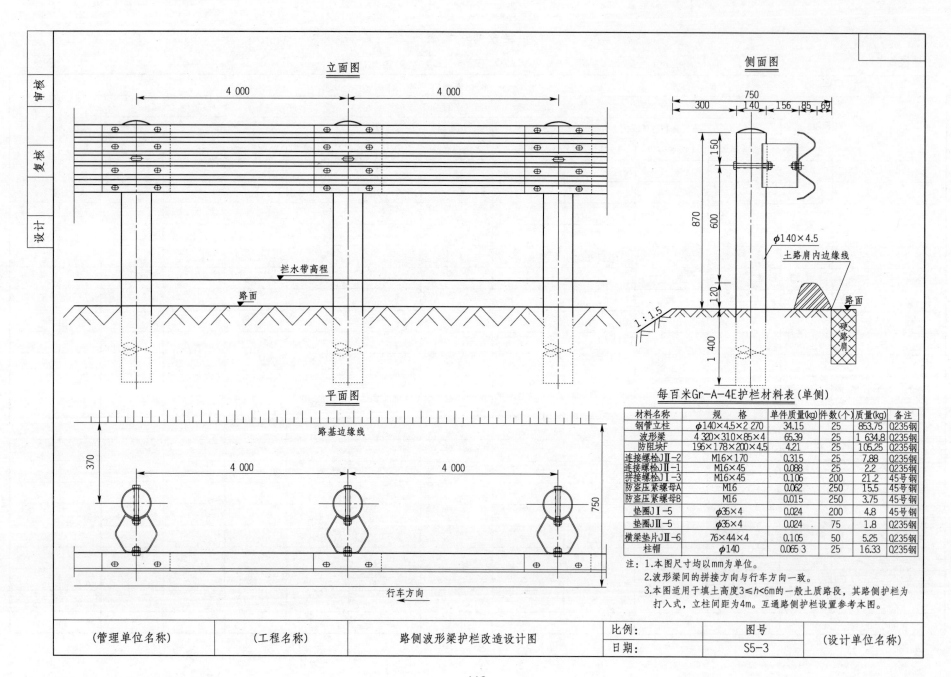

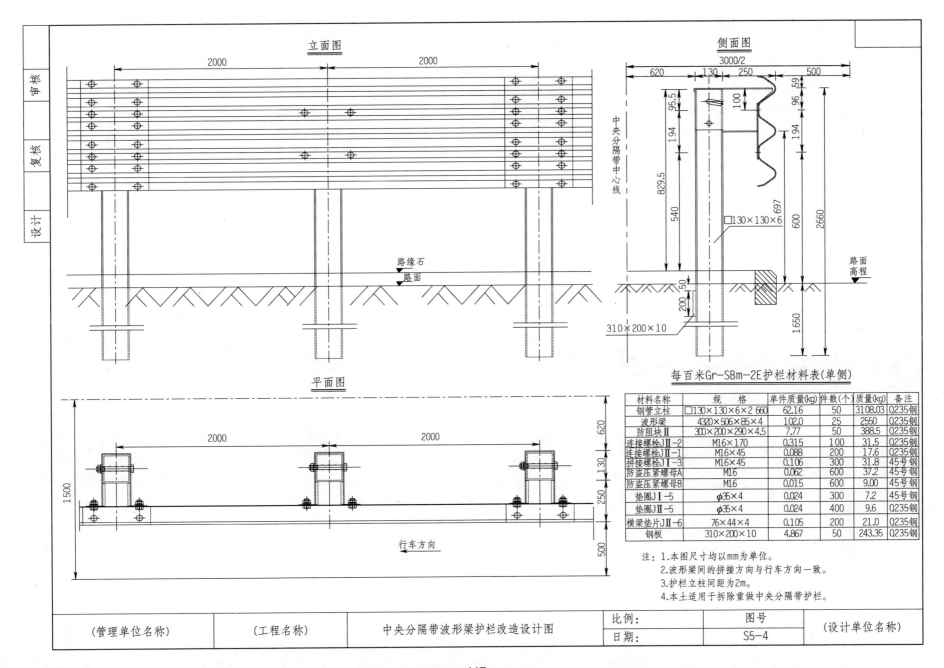

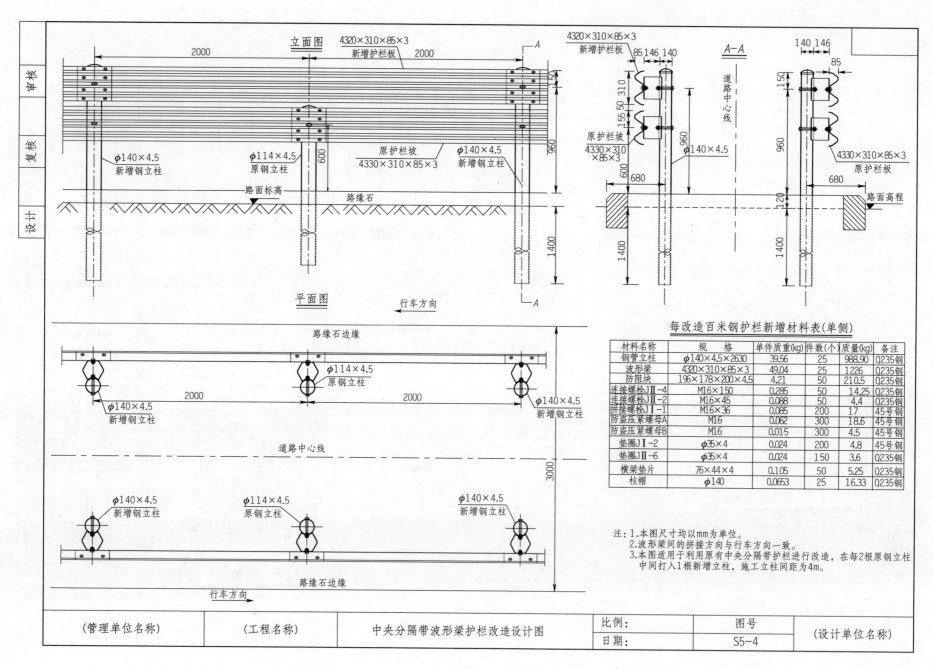

防眩设施更新改造材料数量汇总表

项目名称：　　　S6-1

支撑形式	材料名称	规格(mm)	单　位	单位数量	数　量	总　数　量	备　注

编制：　　　复核：

防眩设施设置一览表

项目名称: S6-2

起讫桩号	长度(m)	数量(m)			备注
		柱式支撑	"几"字形支撑	"一"字形支撑	
合计					

编制: 　　　　　　　　　　　　　　　　　　复核:

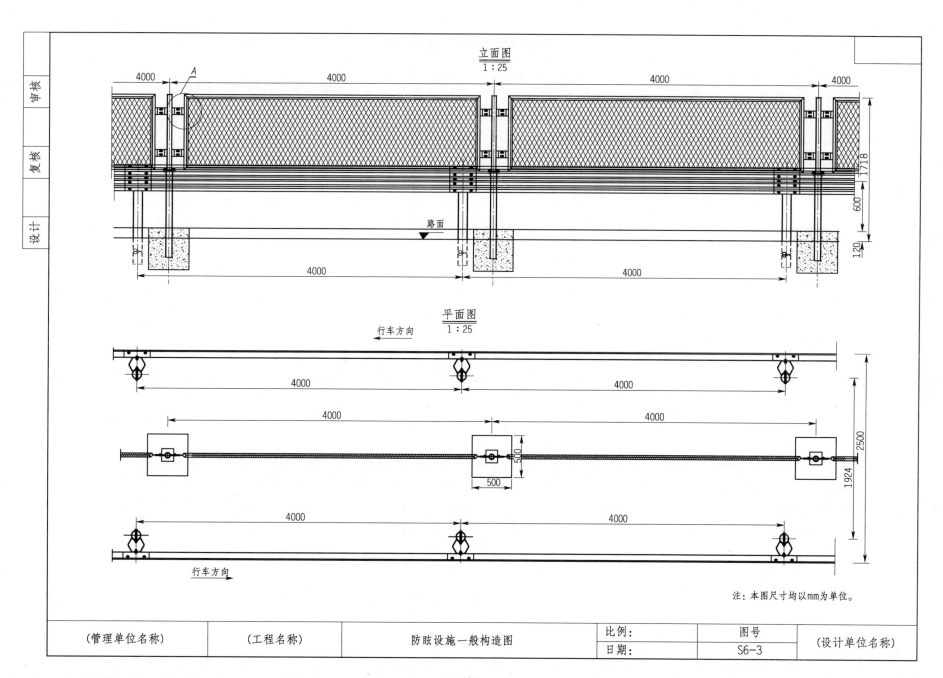

隔离栅更新改造材料数量汇总表

项目名称：   S7-1

序　号	材　料　名　称	规　　格	材料单位质量	单件质量	数　　量	总质量(kg)	备　注

编制：   复核：

隔离栅设置一览表

项目名称：   S7-2

起讫桩号	方 向	长度(m)	立柱(个)	斜 撑				Ⅱ型基础(个)	Ⅰ型基础(个)	备 注
				A型	B型	C型	D型			
合计：										

编制：   复核：

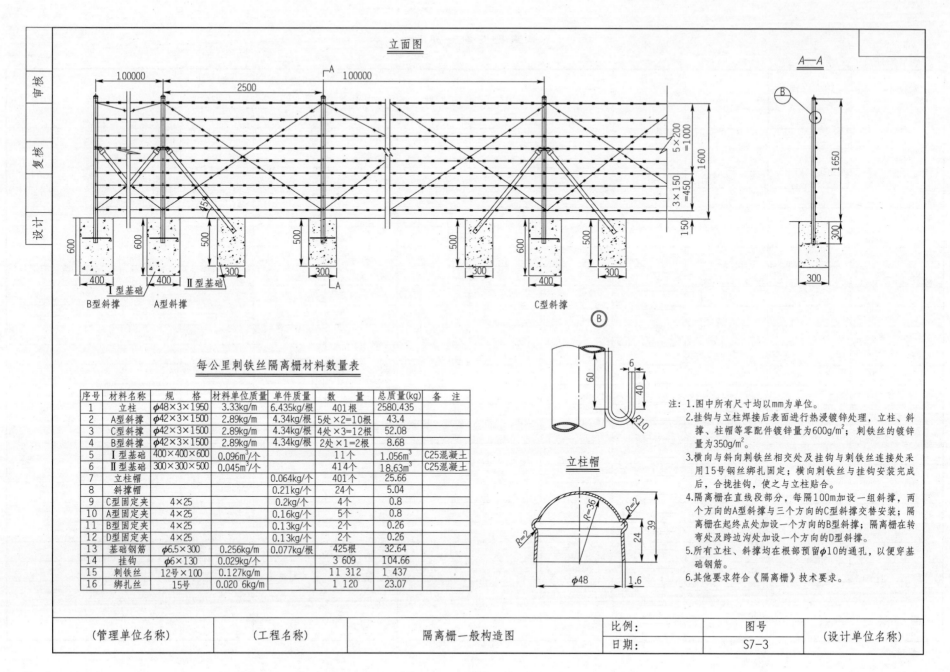

防落物网改造工程数量表

项目名称：　　　S8-1

序号	中心桩号	拆除原防落物网 m	更换长度 m	方钢管立柱 kg	焊接网 m²	抱箍 kg	抱箍底衬 kg	螺栓 kg	螺母 kg	垫圈 kg	加劲肋 kg	加劲法兰盘 kg	底座法兰盘 kg	地脚螺栓 kg	螺母 kg	垫圈 kg	钻孔长度 m	拆除广告牌 m	备注
合计																			

编制：　　　复核：

防落物网设置一览表

项目名称：

S8-2

序号	名　称	桩　号	跨　径	现　状	拆除长度 m	单侧长度 m	设置长度 m	备　注
		合计						

编制：　　　　　　　　　　　　　　　　　　　　　　　　　　　　　　复核：

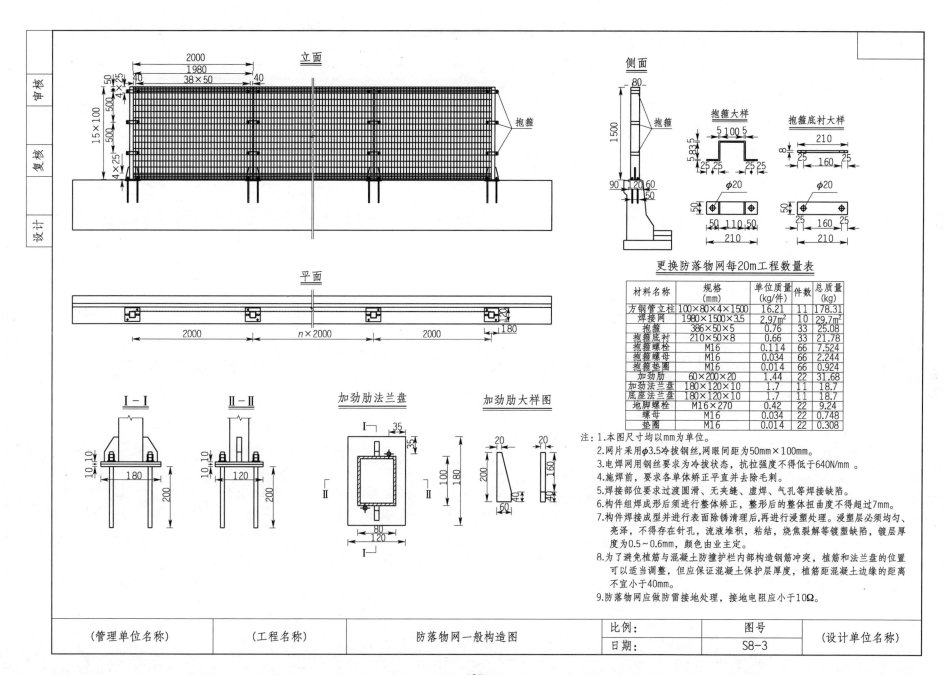

增设限高门架材料数量汇总表

项目名称：　　　S9-1

序号	桩号	门架数	横梁			斜撑			立柱			油漆	
		个	横梁规格	单件质量	总质量	斜撑规格	单件质量	总质量	立柱规格	单件质量	总质量	单个门架	总数量
			mm	kg	kg	mm	kg	kg	mm	kg	kg	m²	
	合计		横梁：			斜撑：			立柱：			油漆：	

编制：　　　复核：

增设限高门架设置一览表

项目名称: S9-2

序号	桩号	交角	名称	门架数	路基宽	跨度 L	板底净高	门架高 H	版面内容	版面尺寸	位置	被交路等级	拆除附着式标志板	备注
				个	m	m	m	m		mm			个	
合计														

编制: 复核:

限高标志安装位置示意

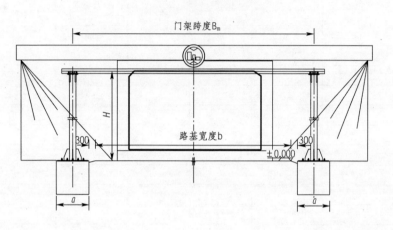

限高标志版面(ϕ1000)

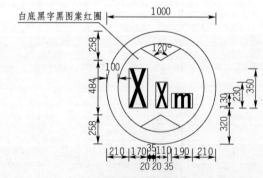

单个门架主要构件材料数量表

材料名称	规格(mm)	单位质量(kg)	件数	质量(kg)
横梁				
斜撑				
立柱				
油漆				

注：1.本图尺寸均以mm计。
2.本图禁令标志的颜色为白底、红圈、黑图案、黑字。
3.门架设置在被交路与高速公路相交的构造物两侧，原则是对称布置。

(管理单位名称)	(工程名称)	限高门架安装位置示意图	比例：	图号 S9-3	(设计单位名称)
			日期：		

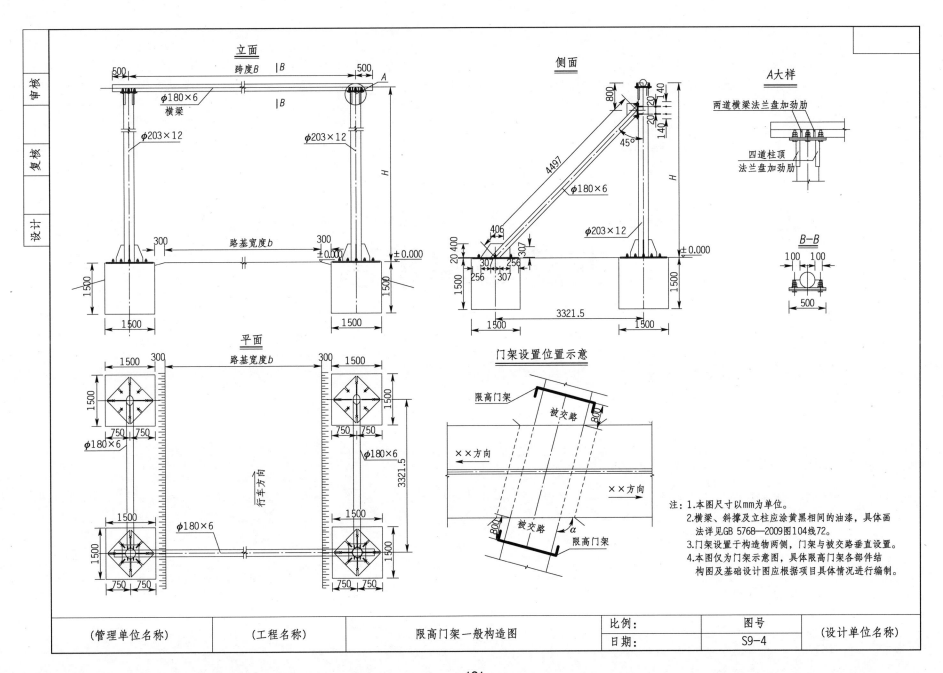

收费车道扩建

收 费 车 道 扩 建

项目名称： 第1页 共1页

序号	图纸名称	图号	备注	序号	图纸名称	图号	备注
1	收费车道扩建设计说明	S1	1	29			
2	主体工程	S2		30			
3	土建工程数量汇总表	S2-1	1	31			
4	收费车道扩建平面设计图	S2-2	1	32			
5	收费车道扩建纵断面设计图	S2-3	1	33			
6	加宽段落高程、坐标数据图	S2-4	1	34			
7	路基工程数量表	S2-5	1	35			
8	路面工程数量表	S2-6	1	36			
9	沥青路面路段搭接设计图	S2-7	1	37			
10	水泥路面路段搭接设计图	S2-8	1	38			
11	路基路面排水、防护工程数量表	S2-9	1	39			
12	路基防护工程设计图	S2-10	2	40			
13	路顶排水处置工程设计图	S2-11	1	41			
14	拆除、迁移工程数量表	S2-12	1	42			
15	桥涵拼宽设计说明	S2-13	1	43			
16	桥涵加宽工程数量表	S2-14	1	44			
17	桥涵加宽工程设计图	S2-15	2	45			
18	交通安全设施工程数量表	S2-16	2	46			
19	交通安全设施工程设计图	S2-17	1	47			
20	房建工程	S3		48			
21	房建工程设计说明		1	49			
22	机电工程	S4		50			
23	机电工程设计说明		1	51			
24				52			
25				53			
26				54			
27				55			
28				56			

收费车道扩建设计说明

1. 工程概述

收费站建设标准、通车年份、所在互通形式、互通范围主线及匝道设计标准、被交路设计标准、收费站交通量、现有服务水平等；方案批复执行情况。

2. 设计依据

现行规范、标准；方案批复文件；项目相关设计文件、养护资料等。

3. 交通量分析及预测

如现阶段交通量与上阶段出现明显变化，需要重新进行分析及预测（预测年限为项目改造后15年）。

4. 项目现状及存在的问题

说明收费站现状，具体的收费车道数、路基路面、桥涵、交安设施、收费大棚、机电设施使用情况及存在的主要问题，列出典型病害照片。

5. 收费车道扩建方案

说明总体扩建方案，并分专业论述扩建方案。

5.1 路基工程

路基标准横断面的设置，包括路拱横坡的设置，路基边坡坡率，路侧边沟设置形式。路基填筑，包括原地表处置方式，路基填料的选定及压实度要求，路基搭接宽度，路基防护形式等。

5.2 路面工程

收费广场扩建部分路面结构形式，收费广场两侧出入口匝道扩建部分路面结构形式。路面材料性能及参数说明，混合料配合比设计要求等。

5.3 桥涵工程

现有桥涵结构形式及新加宽桥涵结构形式，原桥设计标准及新加宽桥涵设计标准，新加宽桥与原桥的连接方式、是否对原桥进行加固。桥涵工程图表前应附详细的桥涵加宽设计说明。

5.4 交通安全设施

说明原有交安设施是否能满足扩建后使用要求。明确新增加各类安全设施的设置形式及设置原则。

5.5 房建工程

主要包含收费大棚、广场收费岛亭及岛上设施、收费站区需改造设施等。

5.6 机电工程

说明原有机电设备是否能满足扩建后使用要求。明确新增加机电设备的标准、型号。

6. 施工组织及交通组织设计

施工总体安排，各专业施工流程，结合施工组织安排，制订交道组织方案。

土建工程数量汇总表

工程名称：   S2-1

收费站名称	工程项目\工程数量	路基工程							水泥混凝土路面					沥青混凝土路面						
		路基填筑						路基处理		凿除广场边缘水泥面板	28cm厚水泥混凝土≥5MPa	32cm厚贫混凝土	20cm厚级配碎石	钢筋		挖除沥青旧路面	4cm厚AC-13C改性沥青混凝土	5cm厚AC-16C改性沥青混凝土	20cm厚水泥稳定级配碎石	20cm厚水泥稳定级配碎石	18cm厚水泥稳定级配碎石	SBS改性沥青防水层	SBR改性沥青透层油
		清表面积	挖方	填方	挖台阶	填前压实面积	碾压路槽	填前压实增方	路床80cm厚5%石灰土	土工格栅					HRB400	HPB300								
		m²	m³	m³	m³	m²	m³	m²	m³	m²	m²	m²	m³	m²	kg	kg	m²	m²	m²	m²	m²	m²	m²	m²
		1	2	3	4	5	6	7	8	9	10	11	12	13	14	15	16	17	18	19	20	21	22	23
××站																								
合计																								

收费站名称	工程项目\工程数量	预制路肩石			边坡防护					混凝土边沟			预制边沟盖板		悬臂式现浇混凝土挡墙						桥涵构造物加宽
		路肩培土	预制C30混凝土路肩石	2cm厚无砂混凝土	拆除原边坡防护	C30预制块混凝土	C30现浇混凝土	开挖土方	防水土工布	植草防护	边沟开挖	HRB400	C30现浇混凝土	C30现浇混凝土	HRB400	墙底换填碎石	砂砾排水层	φ10cm厚PVC管	HRB400	开挖土方	回填土方	墙后填土	
		m³	m³	m²	m²	m³	m³	m³	m²	m²	m³	kg	m³	m²	kg	m³	m³	m	kg	m³	m³	m³	m
		24	25	26	27	28	29	30	31	32	33	34	35	36	37	38	39	40	41	42	43	44	45	46
××站																								
合计																								

收费站名称	工程项目\工程数量	拆除护栏	拆除隔离栅	拆除圬工	拆移标志牌（单悬臂）	拆移标志牌（四柱）	拆移标志牌（双柱）	拆移标志牌（单柱）	拆移电子显示屏	拆移水管	拆移水井	拆移暖井	拆移消防井	拆移监控摄像头	拆移电杆	拆移通信光缆	拆移光缆	拆移配电箱	拆移高杆灯	拆移大型广告牌	拆移多柱广告牌	迁移树木	迁移绿化带	备注
		m	m	m³	个	个	个	个	个	m	处	处	处	个	个	m	m	个	个	个	个	棵	m	
		47	48	49	50	51	52	53	54	55	56	57	58	59	60	61	62	63	64	65	66	67	68	69
××站																								
合计																								

编制：   复核：

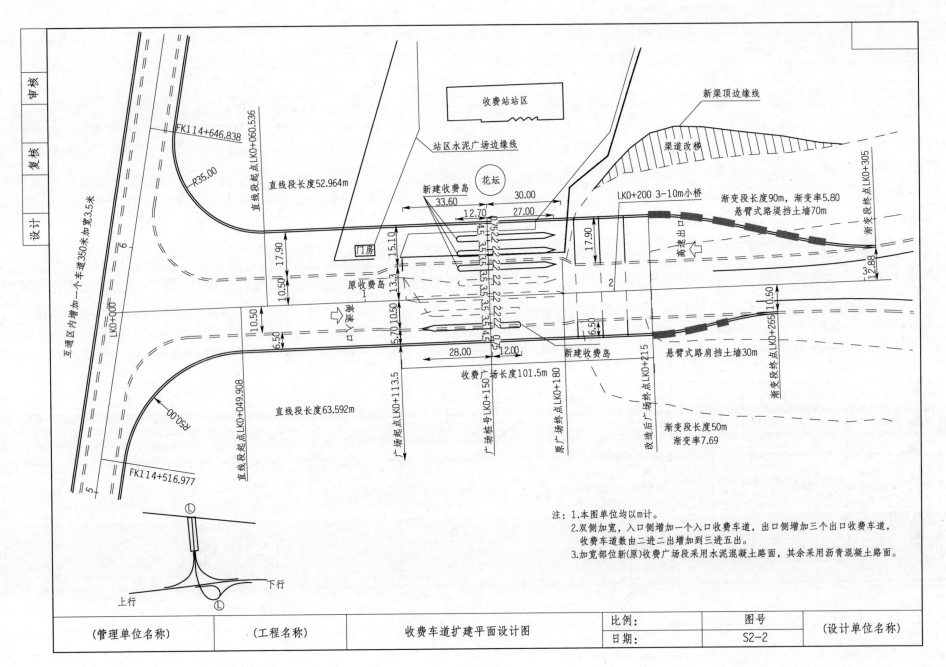

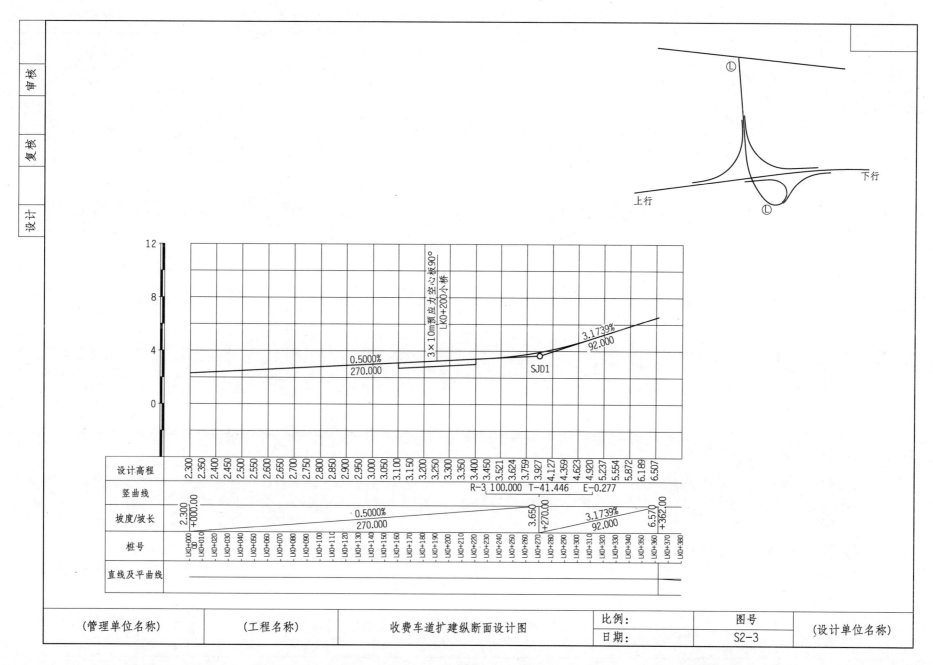

加宽段落高程、坐标数据图 图号 S2-4

路基工程数量表

工程名称：　　　S2-5

序号	起止桩号	加宽位置	长度	加宽面积	平均填挖高	清表面积	路基填筑							路基处理		
							挖方	填方	挖台阶	填前压实面积	碾压路槽	填前压实增方	…	路床换填石灰土	土工格栅	…
			m	m²	m	m²	m³	m³	m³	m²	m²	m³		m³	m²	
		合计														

编制：　　　　　　　　　　　　　　　　　　　　　　　　　　　　　　　　　　　　　　　复核：

路 面 工 程 数 量 表

工程名称：　　S2-6

序号	起止桩号	加宽位置	长度	加宽面积	水 泥 路 面								沥 青 路 面							预制路肩石		
					凿除水泥旧面板	面层	基层	基层	钢筋				挖除沥青旧路面	上面层	下面层	基层	基层	底基层	SBS改性沥青防水层	SBR改性乳化沥青透层油	路肩培土	预制C30混凝土路肩石	2cm厚无砂混凝土
						水泥混凝土≥5MPa	贫混凝土	级配碎石	接缝钢筋		补强钢筋			AC-13C改性沥青混凝土	AC-16C改进沥青混凝土	水泥稳定级配碎石	水泥稳定级配碎石	水泥稳定级配碎石					
									HRB 400	HPB 300	HRB 400	HPB 300											
			m	m²	m²	m²	m²	m²	kg	kg	kg	kg	m²	m²	m²	m²	m²	m²	m²	m²	m³	m³	m²
合计																								

编制：　　复核：

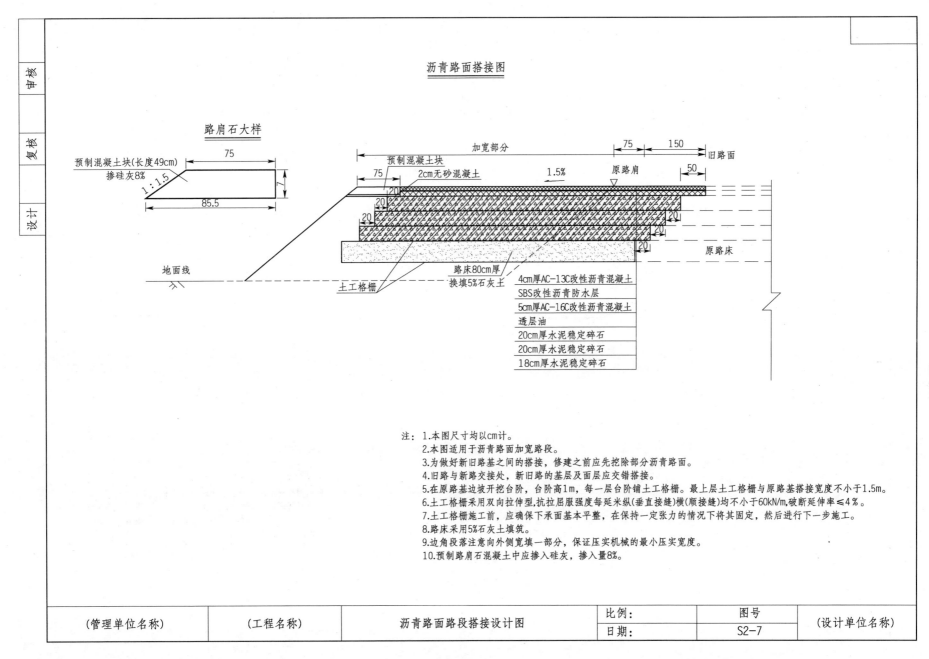

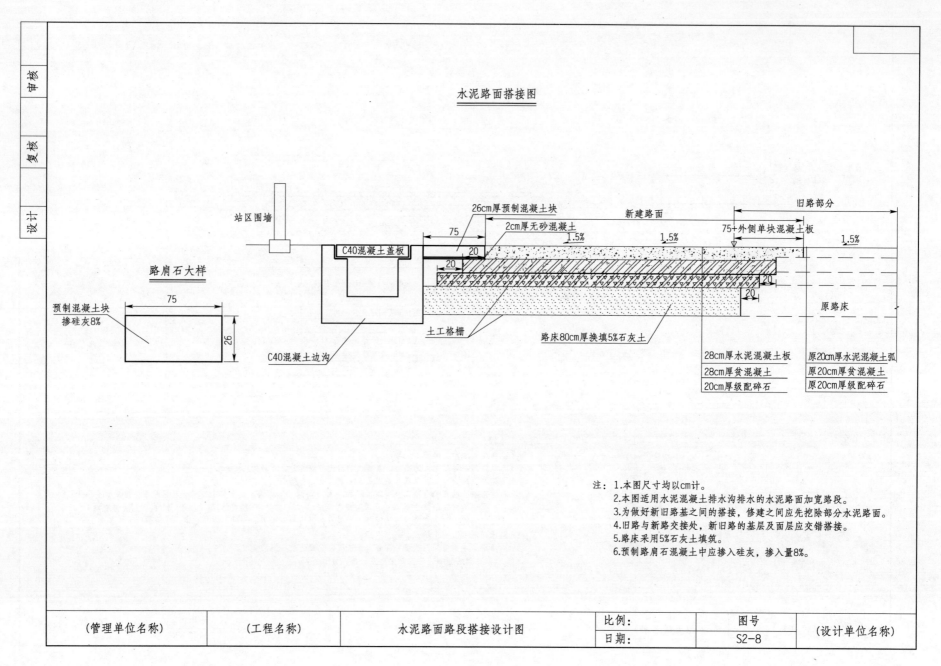

路基路面排水、防护工程数量表

工程名称：
S2-9

序号	起止桩号	加宽位置	长度	开挖土方	边坡防护						混凝土边沟		预制边沟盖板		悬臂式挡墙						
					拆除原边坡防护	C30预制块混凝土	M10浆砌片石	C30现浇混凝土	砂砾垫层	防水土工布	植草防护	HRB400	现浇C40混凝土	预制C40混凝土	HRB400	C30现浇混凝土	墙底换填碎石	砂砾排水层	10cm PVC管	HRB400	回填土方	墙后填土
			m	m³	m²	m³	m³	m³	m²	m²	m²	kg	m³	m³	kg	m³	m³	m³	m	kg	m³	m³
	合计																					

编制：   复核：

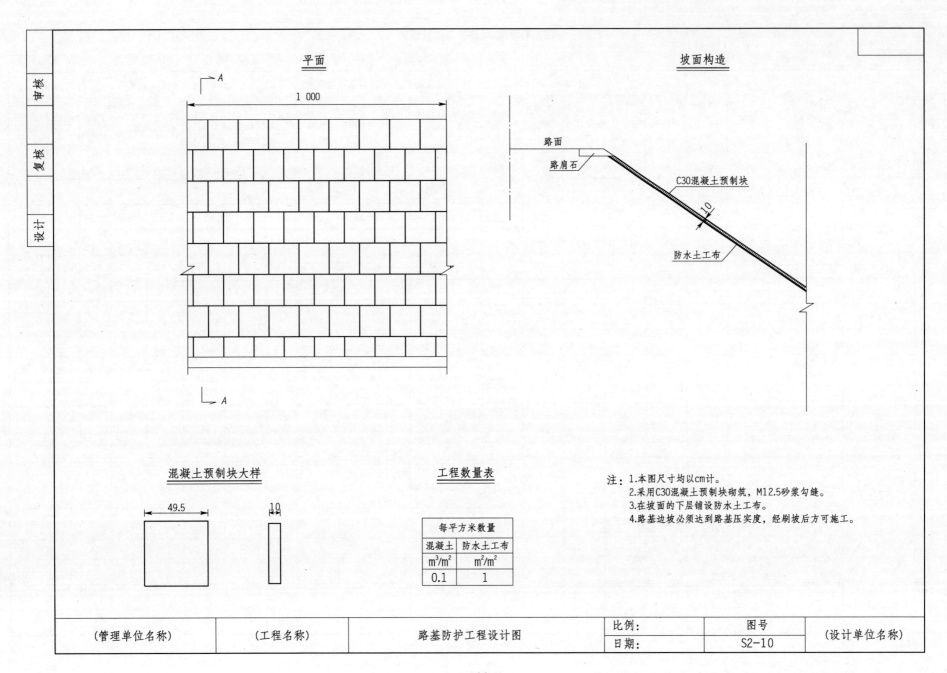

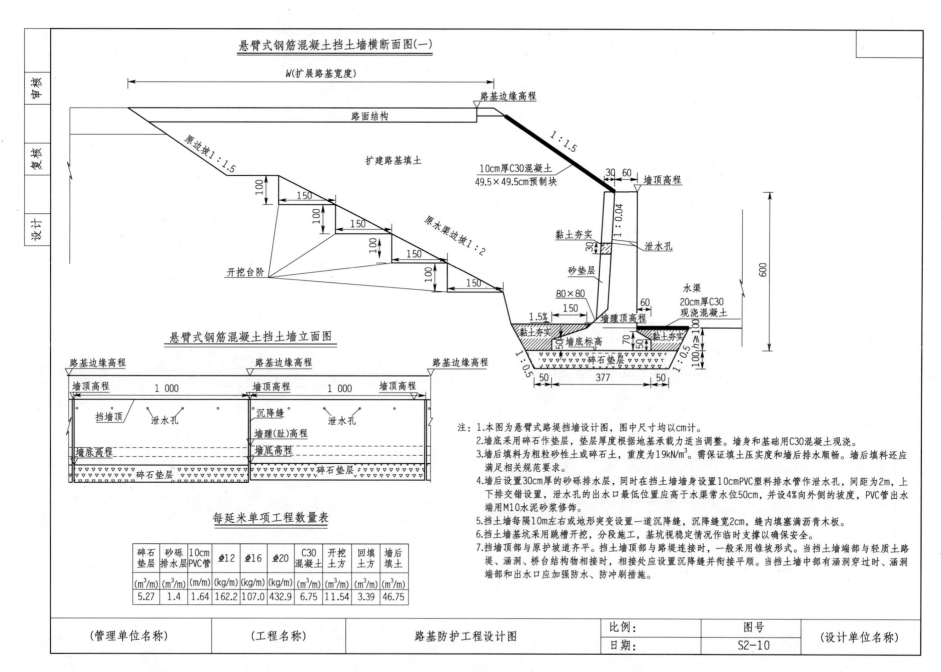

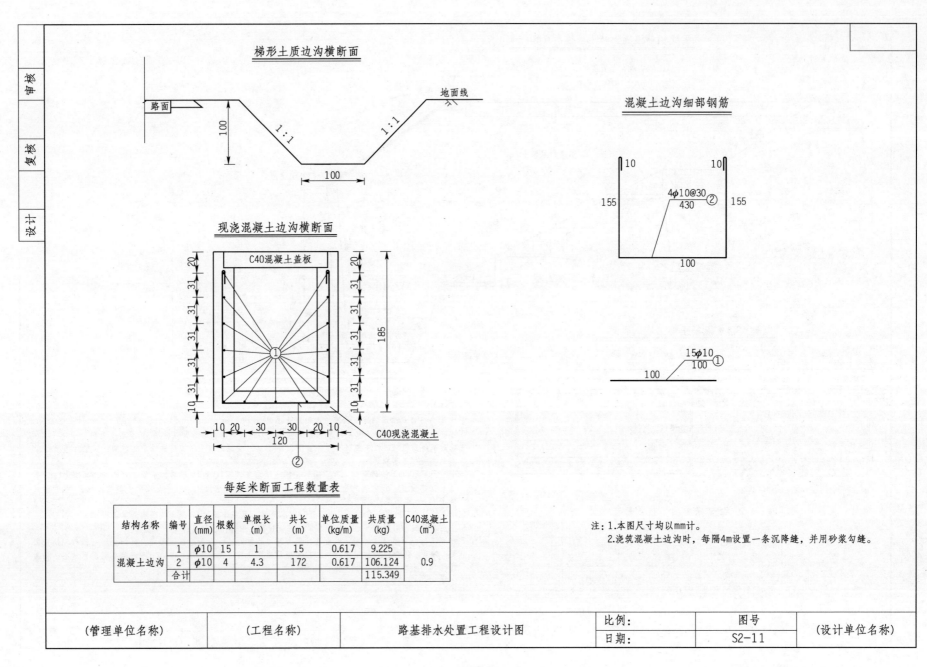

拆除、迁移工程数量表

工程名称：　　S2-12

序号	起止桩号	加宽位置	拆除护栏	拆除隔离栅	拆除圬工	拆移标志牌（单悬臂）	拆移标志牌（四柱）	拆移标志牌（双柱）	拆移标志牌（单柱）	拆移电子显示屏	拆移水管	拆移水井	拆移暖井	拆移消防井	拆移监控摄像头	拆移电杆	拆移通信光缆	拆移光缆	拆移配电箱	拆移高杆灯	拆移大型广告牌	迁移树木	迁移绿化带	…
			m	m	m³	个	个	个	个	个	m	处	处	处	个	个	m	m	个	个	个	棵	m	
合计																								

编制：　　复核：

桥涵拼宽设计说明

1. 工程概述

桥涵桩号、跨径、交角，上下部结构形式，桥梁检测结论，桥梁加宽形式。

2. 设计依据

现行桥梁规范、标准；项目相关设计文件、养护资料等。

3. 设计标准

原桥设计标准及新加宽桥涵设计标准。

4. 设计方案

加宽部分上下部结构形式，新旧桥连接形式，旧桥加固措施。

5. 施工要点及施工注意事项

对施工流程及施工注意事项进行说明。对于动态设计项目，需对动态设计及监控方案进行说明。采用新技术、新工艺的项目，需对相关内容进行详细说明。

6. 材料性能及要求

材料性能及参数说明，采用新材料的项目，需对各项材料指标及验收标准进行详细说明。

桥涵加宽工程数量表

工程名称：

S2-14

名称	项目	数量	上部构造			下部构造							其他工程						全桥合计
			现浇板	桥面铺装	伸缩缝	桥墩				桥台			支座垫石	搭板	排水设施	防撞护栏	拆除	锥坡	
						盖梁	墩柱	挡块	桩基	盖梁	耳背墙	挡块	桩基							
HPB300	φ10	kg																		
	φ8	kg																		
	小计	kg																		
HRB400	C32	kg																		
	C25	kg																		
	C20	kg																		
	C16	kg																		
	小计	kg																		
混凝土	聚丙烯纤维	kg																		
	C40高性能防水混凝土	m^3																		
	C40高性能微膨胀混凝土	m^3																		
	C40	m^3																		
	C30	m^3																		
	C25	m^3																		
	C20	m^3																		
植筋钻孔长度	(D15)	m																		
	(D20)	m																		
无缝伸缩缝		m																		

续上表

工程名称：

名称 \ 项目 \ 数量		上部构造			下部构造								其他工程						全桥合计
		现浇板	桥面铺装	伸缩缝	桥墩				桥台				支座垫石	搭板	排水设施	防撞护栏	拆除	锥坡	
					盖梁	墩柱	挡块	桩基	盖梁	耳背墙	挡块	桩基							
防腐涂料	m²																		
泄水管	套																		
铣刨沥青层	m²																		
PVC 管	m																		
GYZ250×52型板式橡胶支座	块																		
1cm厚橡胶板	m²																		
M7.5浆砌片石	m³																		
挖基	m³																		
…	m³																		
…	m³																		

编制：　　　　　　　　　　　　　　　　　　　　　　　　　　　　复核：

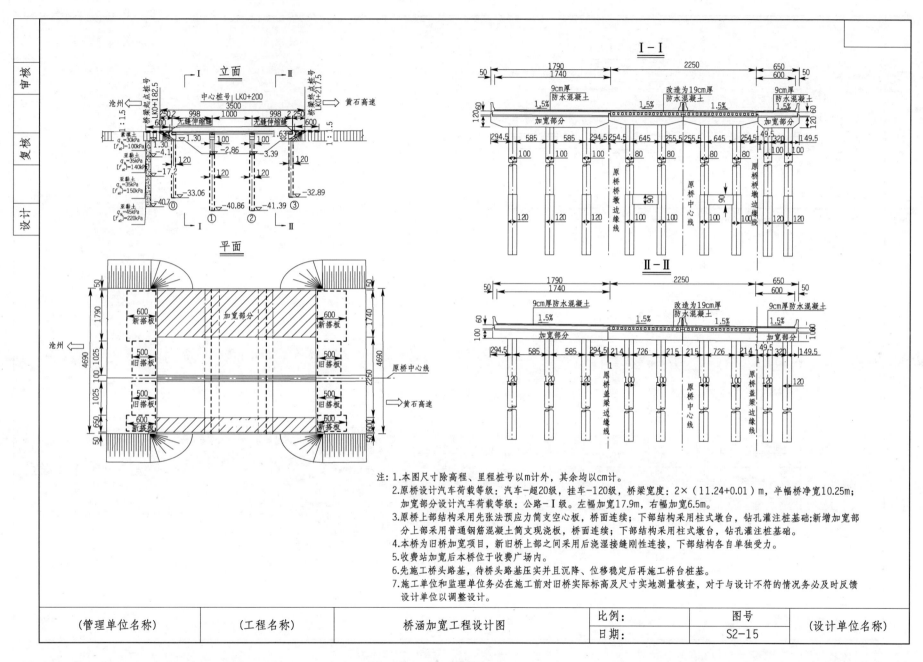

新旧桥连接部大样

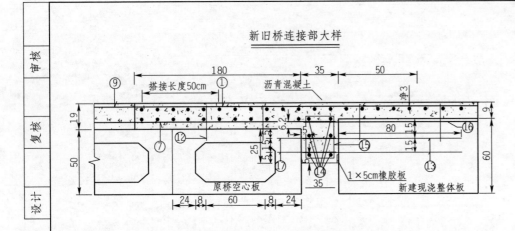

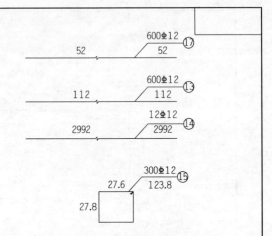

新旧桥连接部铺装工程数量表

全桥材料及工程数量表

编号	直径	单根长度	根数	共长	单位质量	总质量	聚丙烯纤维	植筋钻孔长度(D15)	植筋根数	C40高性能微膨胀混凝土
	mm	cm	根	m	kg/m	kg	kg	m	根	m³
1	Φ12	112.0	600	672.0	0.888	596.7	13.9	120	600	9.2
2	Φ12	996.0	12	119.5	0.888	106.1				
3	Φ12	123.8	300	371.4	0.888	329.8				
4	Φ12	52.0	600	312.0	0.888	277.1				

注：
1. 本图尺寸均以cm计。
2. 为保证新旧桥衔接牢固，对旧桥外侧边板采用植筋工艺植入横向钢筋N17，植入深度20cm，纵向间距20cm。
3. N16、N13钢筋为新建现浇板顶板预留钢筋，N16与N7钢筋双面焊接，焊缝长度不小于5d，N13与N17钢筋双面焊接，焊接长度不小于5d，现浇板浇筑时注意预留N13钢筋，N13钢筋纵向间距20cm。
4. 新旧桥湿接缝浇筑混凝土前须凿毛新旧混凝土衔接面。
5. 新旧桥连接部分混凝土与桥面铺装一起浇筑。
6. 为避免新旧桥不均匀沉降，施工条件允许情况下，桥面铺装混凝土应待新桥现浇板浇筑后静置一段时间后浇筑。
7. 钢筋植筋时注意避免对原桥预应力筋造成损伤。
8. 本图适用于新旧桥连接部。

桥涵加宽工程设计　图号 S2-15

交通安全设施工程数量表

工程名称：

S2-16

序号	护栏(m)					标线(m²)		减速垄(m)	标志(个)					焊接网隔离栅(m)	警示柱(个)	彩色路面(m²)
	Gr-A-4E	Gr-A-2E	中央组合护栏	混凝土护栏	A-BT-2	普通标线	振动标线		新增单柱	新增双柱	单柱基础	双柱基础	广告牌			
合计																

编制： 复核：

交通安全设施工程数量表

工程名称：　　S2-16

设施名称	起讫桩号	代号/尺寸	白实线 数量(m²)	斑马线 数量(m²)	收费岛标线 数量(m²)	导向箭头 数量(m²)	虚实线 数量(m²)	路面文字 数量(m²)	减速标线 数量(m²)	减速振动标线 数量(m²)	护栏 长度(m)					隔离栅 长度(m)	标志 数量(个)
											A级普通	A级加强	中央	混凝土护栏	端头		
标线																	
	合计																
护栏																	
	合计																
隔离栅	合计																
标志																	

编制：　　复核：

注：各类安全设施工程数量表可参考交通安全设施养护设计相关数量表编制。

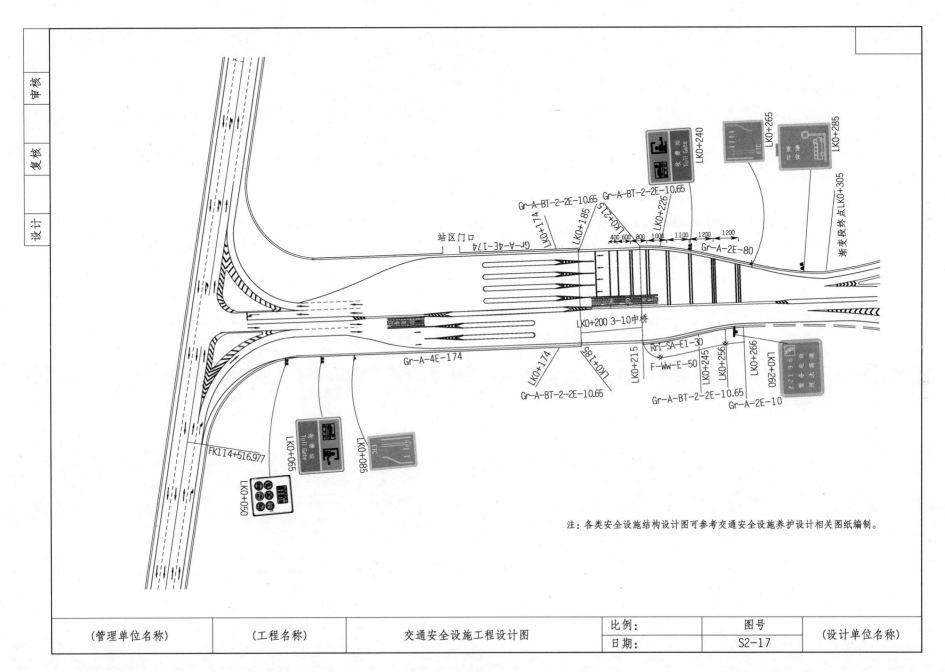

工程名称：

房建工程设计说明

1. 工程内容

主要内容为收费大棚改造、收费岛改造、收费亭改造及收费站区需改造设施、站区及广场建筑物恢复、电缆井及通信井迁建等相关工程。

2. 工程专业

包括建筑专业、给排水专业、电气专业、结构专业、暖通专业及消防安全设施等相关专业说明。

各专业均包含分项设计说明及设计图表，可参考《公路工程基本建设项目设计文件编制办法》(交公路发[2007]358号)相关要求编制。

设计单位名称：

工程名称：

机电工程设计说明

1. 概述

简述收费车道扩建方案，现有机电设备使用情况，新增机电设备与现有设备界面的划分，设计依据。

2. 收费系统

设计目标：新增机电设备要达到的目标。

设计原则：所遵循的设计原则。

设计内容：包括收费车道设备、收费系统软件、收费闭路电视监视系统；内部对讲系统；报警系统；收费附属设施。

系统方案：收费制式和收费模式；收费系统构成；收费图像数据传输；收费设备供电；集中设备；收费附属设施。

系统功能：分析说明各收费系统功能。

主要设备技术指标：MTC 车道设备技术指标，ETC 车道设备技术指标，收费闭路监视系统技术指标，机电设备的迁移。

机电工程设计图、表：可参考《公路工程基本建设项目设计文件编制办法》（交公路发〔2007〕358 号）相关要求编制，新增设备需考虑与原有机电设备的兼容。

设计单位名称：

绿化与环境保护

绿化与环境保护

项目名称： 第1页 共1页

序号	图纸名称	图号	备注	序号	图纸名称	图号	备注
1	绿化提升工程	S1		29			
2	绿化提升设计说明	S1-1	1	30			
3	工程数量统计表	S1-2	2	31			
4	中央分隔带绿化设计图	S1-3	1	32			
5	路侧绿化设计图	S1-4	1	33			
6	互通区绿化平面布设图	S1-5	1	34			
7	互通区绿化布设索引图	S1-6	1	35			
8	增设声屏障工程	S2		36			
9	增设声屏障设计说明	S2-1	1	37			
10	声屏障设置一览表	S2-2	1	38			
11	材料数量汇总表	S2-3	1	39			
12	声屏障平面布设图	S2-4	1	40			
13	声屏障结构设计图	S2-5	1	41			
14	路基段钢筋混凝土基础构造图	S2-6	1	42			
15				43			
16				44			
17				45			
18				46			
19				47			
20				48			
21				49			
22				50			
23				51			
24				52			
25				53			
26				54			
27				55			
28				56			

绿化提升设计说明

1. 工程概述

项目所在路段长度、建设标准、通车年份、交通量情况等；项目目前存在的主要问题；相关部门和业主的意见及落实情况，方案批复执行情况。

2. 设计原则及依据

现行规范、标准；方案批复文件；项目相关设计文件、养护资料等。

3. 现状病害描述与原因分析

现有公路环境保护工程病害调查、评价结论，结合现场实际情况，分析病害产生原因。

4. 改造设计方案

考虑改造方案与沿线自然环境协调一致的原则，通过对主要场地自然条件（包括土壤、水分、降雨量、风力风向、自然物种等）的分析，提出设计理念、设计原则及表现手法，包括主线路侧绿化提升，主线中央分隔带绿化提升，互通区绿化提升，服务区及停车区绿化提升，隧道出入口绿化提升等。

5. 材料性能及要求

对拟采用的植物配置及特性进行说明。采用新材料的项目，需对各项材料指标及验收标准进行详细说明。

6. 施工中的环境保护措施及注意事项

7. 交通组织设计

根据项目具体情况，编制路段交通组织或路网交通组织设计说明。

中央分隔带(路侧)绿化工程数量表统计表

项目名称： S1-2

序号	起始桩号	长度	名称 规格 数量							原有灌木移除	土方更换	备注
			...	...	...	...	...	...	...			
		m	株	株	株	株	株	m²	m²	丛	m³	
1												
2												
3												
4												
5												
6												
7												
8												
9												
10												
11												
12												
13												
14												
15												
16												
17												
18												
19												
20												
21												
22												
23												
24	合计											

编制： 复核：

互通绿化工程数量统计表

项目名称: S1-2

序号	名 称	规 格	单 位	数 量	备 注
1	碧桃	$d=8\text{cm}, 3\sim5$ 分支, $H=250\text{cm}, P=200\text{cm}$	株		
2	…	$D=12, H=400\text{cm}, P=300\text{cm}$, 互通外围新植乔木	株		
3	…	$D=12, H=400\text{cm}, P=300\text{cm}$, 互通外围新植乔木	株		
4	微丘地景	A 区地形整理及 D 区原有凹地坡形放缓	m³		
5	…	…			
6					
7					
8					
9					
10					
11					
12					
13					
14					
15					
16					
17					
18					
19					
20					
21					
22					
23					
24					
25					
26					

编制: 复核:

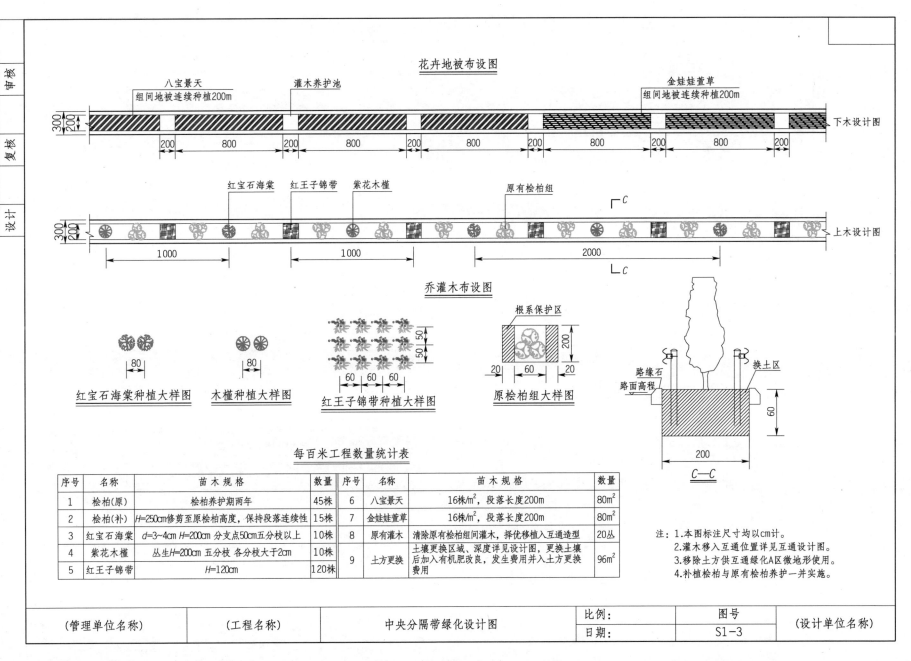

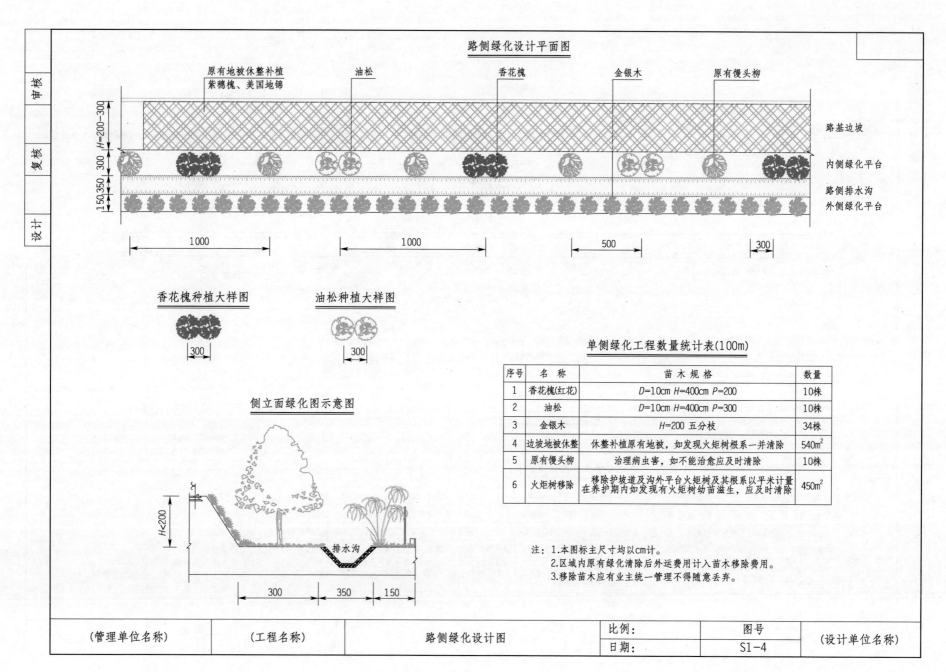

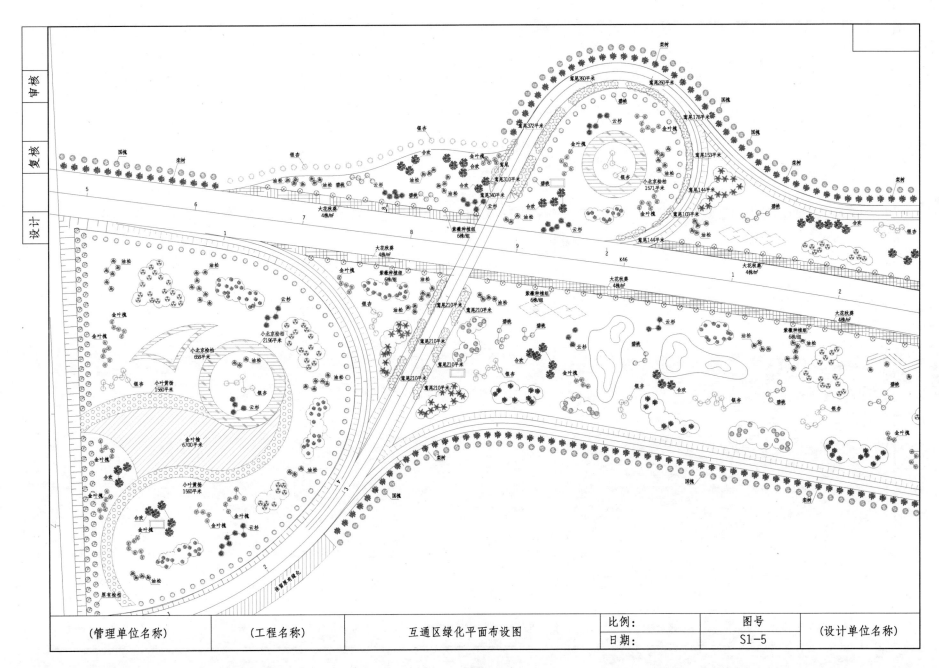

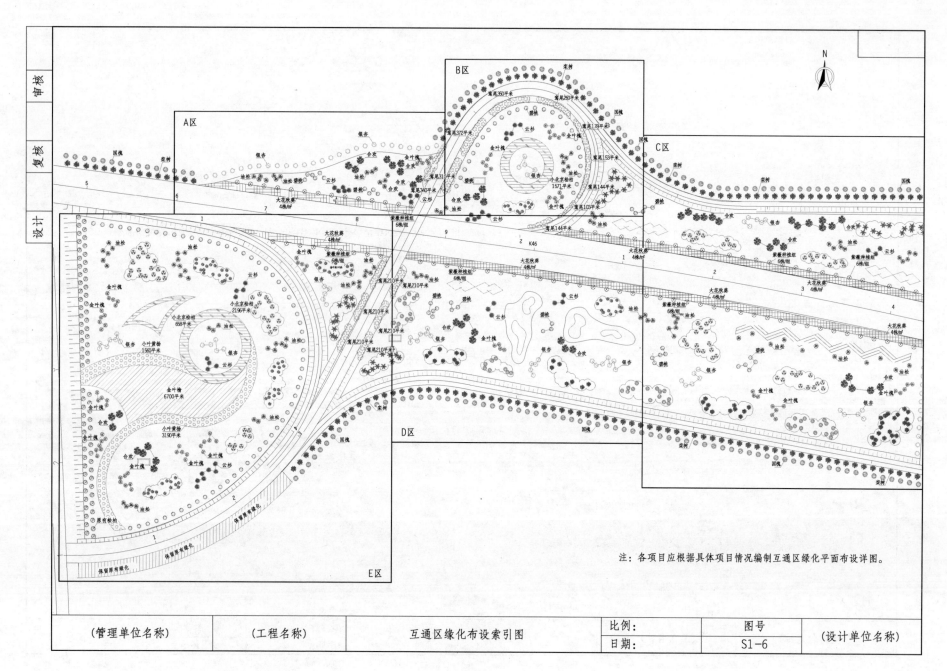

注：各项目应根据具体项目情况编制互通区绿化平面布设详图。

互通区绿化布设索引图　图号 S1-6

增设声屏障设计说明

1. 工程概述

项目所在路段长度、建设标准、通车年份、交通量情况等；项目目前存在的主要问题；相关部门和业主的意见及落实情况，方案批复执行情况。

2. 设计原则及依据

现行规范、标准；方案批复文件；噪声检测报告；项目相关设计文件、养护资料等。

3. 工程现状

分析现状交通量，给出降噪点距高速公路距离，列出噪声检测报告主要结论。

4. 改造设计方案

根据噪声检测报告，考虑改造方案与沿线自然环境协调一致的原则，提出设计方案。

5. 材料性能及要求说明

对降噪设施的材料性能及参数进行说明。采用新材料的项目，需对各项材料指标及验收标准进行详细说明。

6. 施工中的环境保护措施及注意事项

7. 交通组织设计

根据项目具体情况，编制路段交通组织或路网交通组织设计说明。

声屏障设置一览表

项目名称： S2-2

序号	地名	起点桩号	终点桩号	一般段长度 m	通道段长度 m	设置位置	距房屋距离 m	总长度 m	备注
1									
2									
3									
4									
5									
6									
合计									

编制：　　　复核：

材料数量汇总表

工程名称：　　　S2-3

序号	材料名称	规格 mm	单位质量	单件质量	单位	数量	总量	备注
1								
2								
3								
4								
5								
6								
7								
8								
9								
10								
11								
12								
13								
14								
15								
16								
17								
18								
19								
20								
21								
22								
23								
24								
25								

编制：　　　　　　　　　　　　　　　　　　　　　　　　　　　　　　　　　　　　　　　复核：

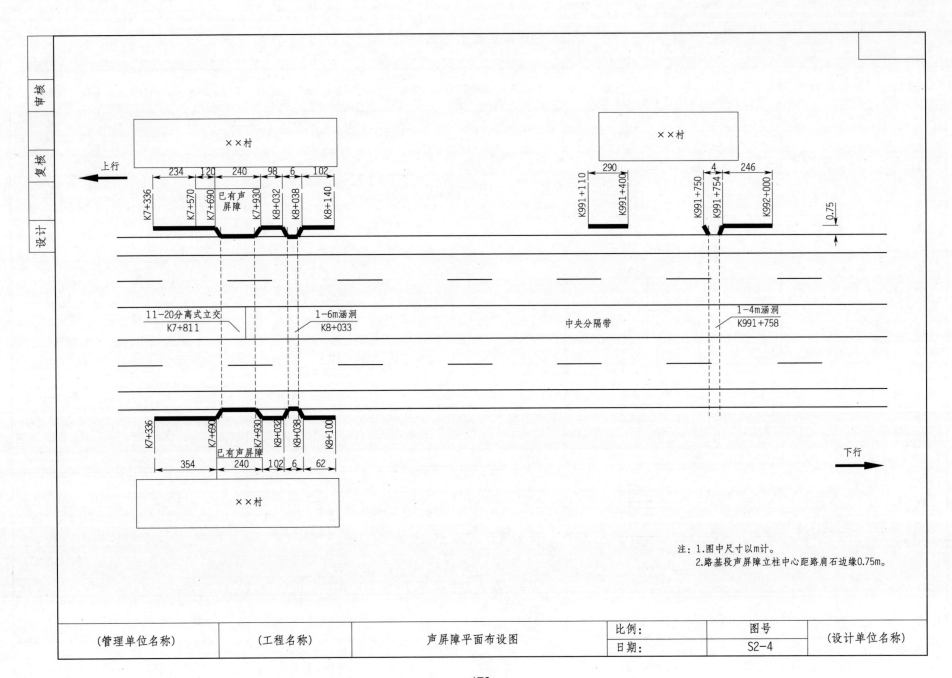

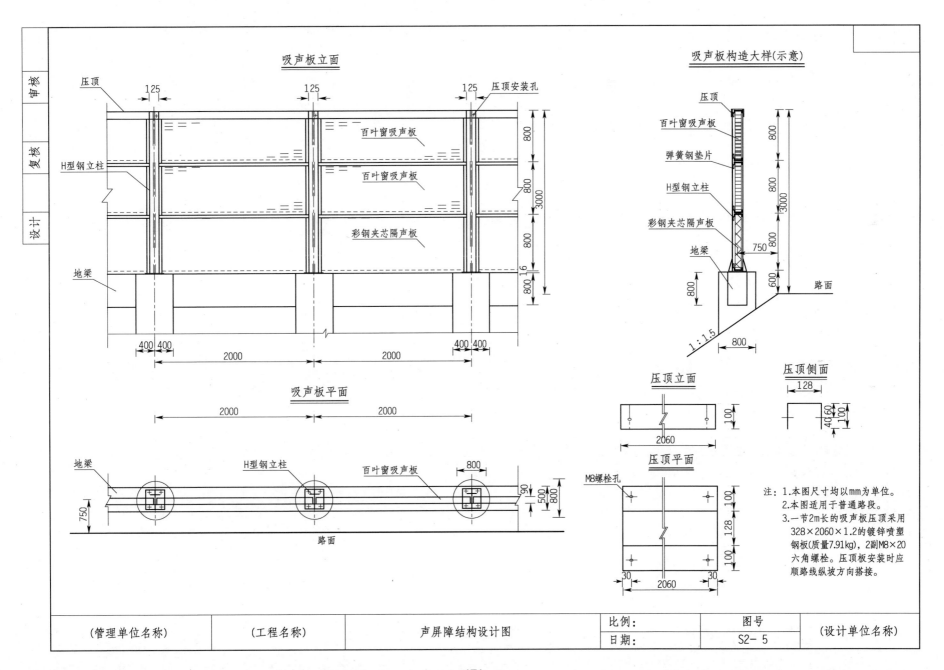

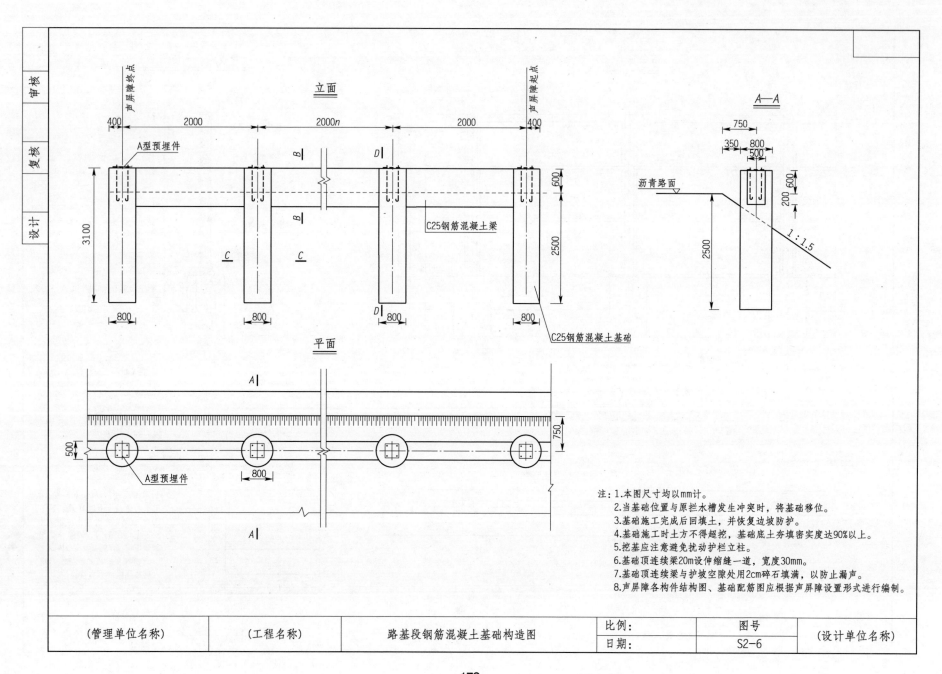

交通组织

交 通 组 织

项目名称：　　第1页　共1页

序号	图纸名称	图号	备注	序号	图纸名称	图号	备注
1	交通组织设计说明	S1	1	29			
2	临时交通设施设置一览表	S2	1	30			
3	分流点标志设置示意图	S3	1	31			
4	标志版面设计图	S4	1	32			
5	分流标志牌结构图	S5	2	33			
6	一般路段养护作业布置图	S6	1	34			
7	特殊工点养护作业布置图	S7	1	35			
8				36			
9				37			
10				38			
11				39			
12				40			
13				41			
14				42			
15				43			
16				44			
17				45			
18				46			
19				47			
20				48			
21				49			
22				50			
23				51			
24				52			
25				53			
26				54			
27				55			
28				56			

交通组织设计说明

1. 项目概况

项目所在路段工程规模、建设标准、建设年代；项目总体改造方案，包括改造范围、改造内容、各阶段工期安排等。

2. 设计依据

现行规范、标准；项目相关设计文件、养护资料等。根据项目所在路网交通状况，制定交通组织设计原则。

3. 设计原则

在分析项目路段及影响范围的路网内道路技术等级、交通组织、交通流特性、气候特征的基础上，结合既有公路技术状况、养护方案、施工工期安排以及造价等综合因素，确定交通组织设计基本原则。

4. 区域路网交通组织设计

4.1 路网状况分析

应对沿线路网可能分流路径的等级，路面结构、桥梁荷载、交通量、养护计划、收费站、收费标准、道路规划、重大活动等进行详细调研和整理，为制定路网分流方案提供基础资料。

4.2 路网分流方案

应对施工路段通行能力及服务水平分析，确定三级服务水平下所能服务的最大交通量，同时对路网交通量分析，评价路网能否容纳所需分流的交通量，再根据养护工程实施计划对交通组织的时段进行划分，确定路网分流路径和分流点的设置。对于大型工程的路网分流宜考虑三个层次，诱导点、分流点、管制点。

5. 局部路段交通组织设计

应根据互通区间、设计单元、构造物分布等确定路段总体保通方案；应结合养护设计方案，确定作业区布置设计，包括作业区的布置方式，作业区的标志和标线、有源信号设施等。

6. 特殊工点交通组织设计

包括互通匝道、桥梁、隧道等。

7. 交通组织管理体系及应急预案

应组成强有力组织机构、完善交通组织管理体系；应针对各施工阶段的交通组织形式，制定详细、可操作的救援及预案工作，包括路段警力分布，应急开口的管理及启动机制、救援车辆的配置、管理人员的配备等。

8. 临时交通工程及沿线设施设计

临时交通标志、标线、水马等其他临时安全设施的设置形式、材料性能要求等。

临时交通设施设置一览表

工程名称: S2

设置名称	序号	临时交通设施	数量	单位	备注

编制: 复核:

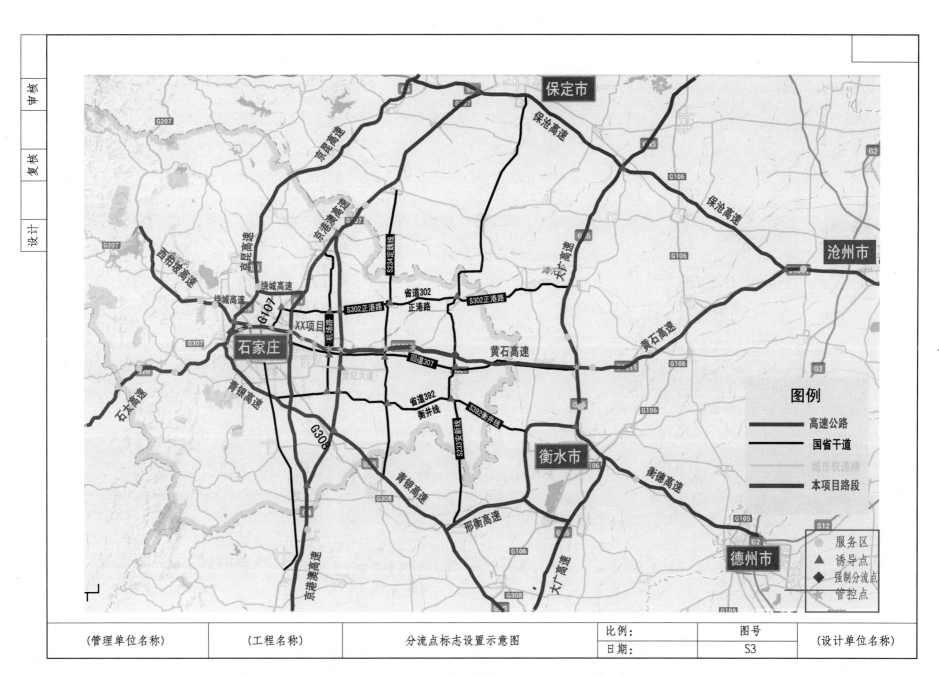

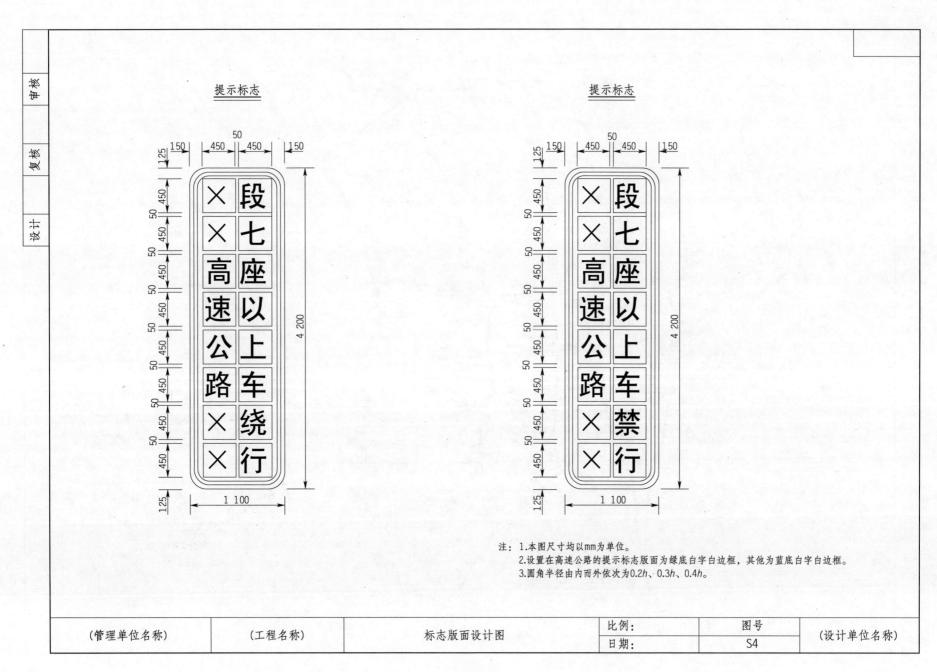

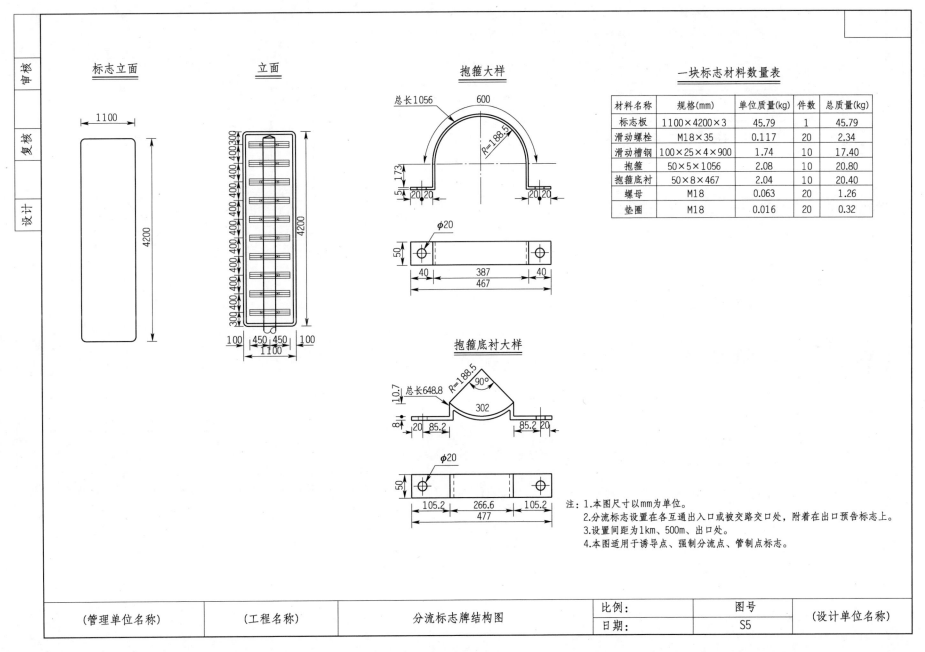

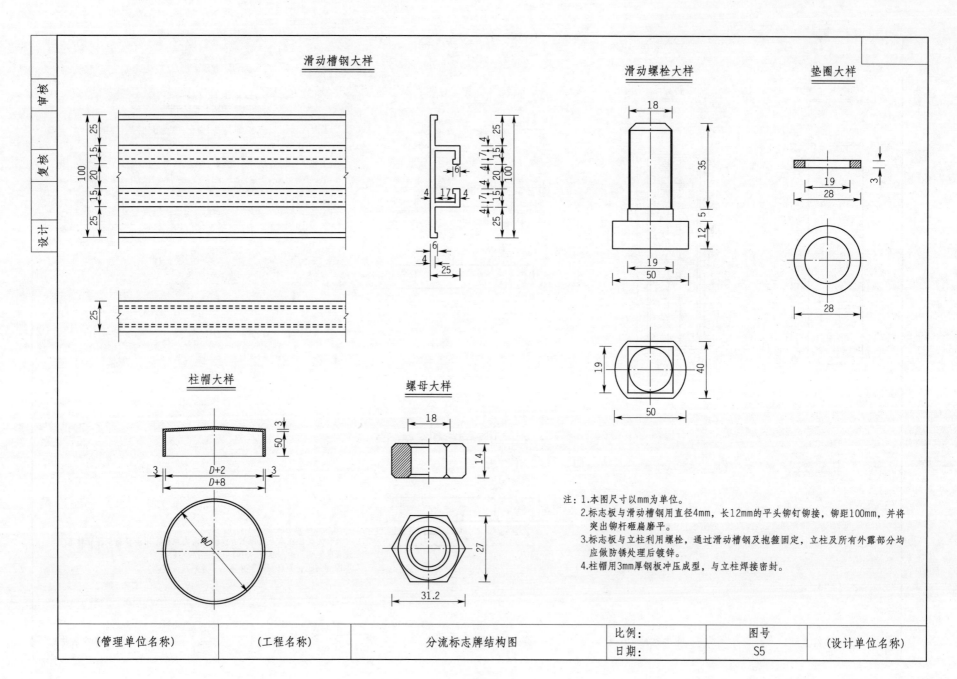

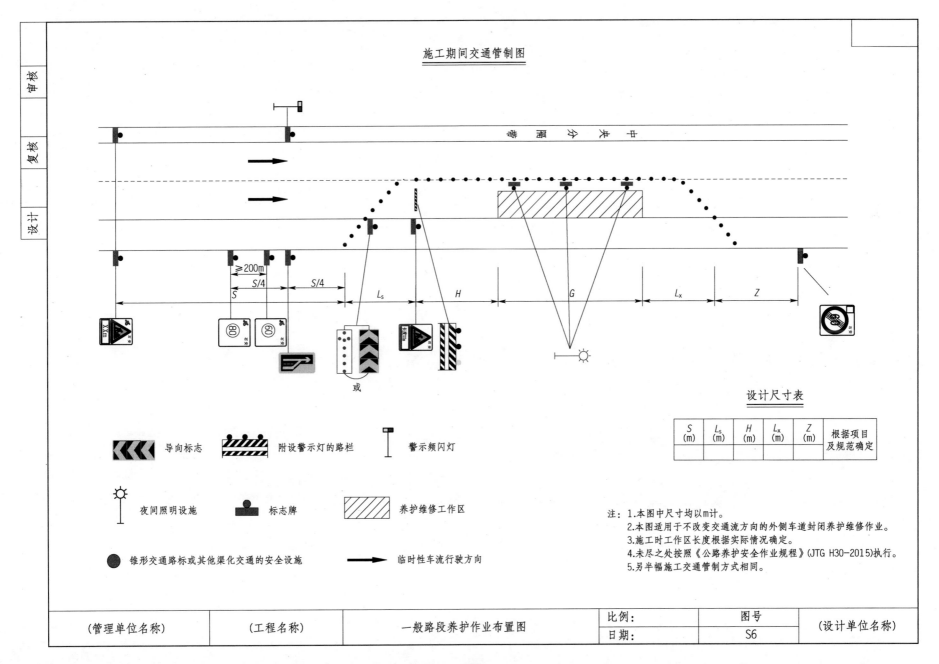

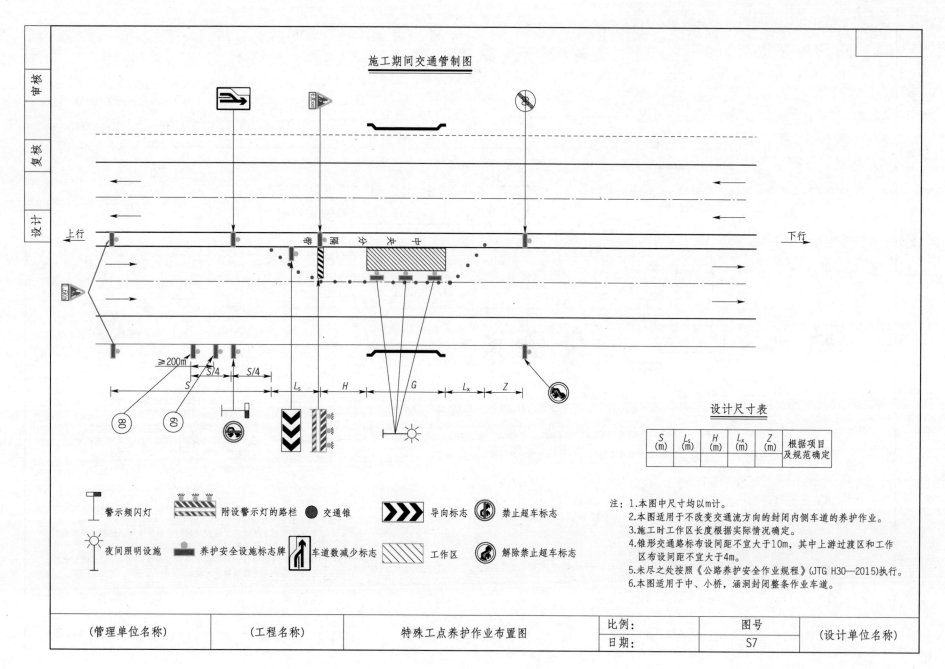